Jonathan Düring

# Ihr seid das Salz,
# nicht die Suppe

W0072613

**Bibliographische Information der Deutschen Bibliothek**

Die Deutsche Bibliothek verzeichnet diese Publikation in der Deutschen Nationalbibliographie. Detaillierte bibliographische Daten sind im Internet über http://dnb.d-nb.de abrufbar.

2. Auflage 2012
© Vier-Türme GmbH, Abt. Verlag, Münsterschwarzach 2009
Alle Rechte vorbehalten

Lektorat: Dr. Kristin Haas-Heichen
Umschlaggestaltung: Thomas Uhlig, www.coverdesign.net, Verwendung des Titelmotivs mit freundlicher Genehmigung der Südsalz GmbH, Heilbronn
Druck und Bindung: Friedrich Pustet KG, Regensburg
ISBN 978-3-89680-435-8

*www.vier-tuerme-verlag.de*

Jonathan Düring

# Ihr seid das Salz, nicht die Suppe

Von der befreienden Kraft
eines frohen Glaubens

*Vier-Türme-Verlag*

*All jenen Menschen,*
*die Osterspuren legen*
*ins Leben hinein*

*Wenn es von Zeit zu Zeit geschieht,*
*dass ein Lichtstrahl*
*Deine Mauern durchbricht,*
*kann es sogar sein,*
*dass Deine tiefste Dunkelheit*
*zu leuchten beginnt*
*und Dich blendet.*

# Vorwort

»Was soll ich hier eigentlich? Ich bin doch die totale Fehl-besetzung für diese Aufgabe! Ich werde den Anforderungen doch in keiner Weise gerecht und bewirke doch sowieso nur Missverständnisse und Ärger!« Mit diesen Worten mach-te sich in mir ein lange verdrängter und damit angestauter Frust über die empfundene Erfolglosigkeit in einem zentra-len Bereich meiner Tätigkeit als Schulseelsorger ganz unver-mittelt Luft. Voller Zorn beförderte ich die vor mir liegen-den schriftlichen Arbeiten mit einem einzigen Handstreich vom Schreibtisch. Für mich selbst erschreckend laut und klar hörte ich mich sagen: »Ich hab die Nase voll! Such dir jemand anders für diesen Job – oder mach es doch selbst! Ich bin definitiv der Falsche dafür!« Lange starrte ich auf die kleine Christus-Ikone in meinem Büro. »Heute musst du dir echt was einfallen lassen, um mich aufzumuntern!«, sprach ich mehr resigniert als fordernd in den Raum.

Es dauerte keine fünf Minuten, da klopfte es an der Tür meines Büros. Ich rief: »Herein!«, aber die Tür wurde nicht geöffnet. Stattdessen klopfte es noch einmal – etwas hef-tiger. Ich antwortete ebenfalls heftiger: »Herein!« Die Tür ging immer noch nicht auf. Nun pochte jemand mit der Faust. Genervt stand ich auf und öffnete von innen. Vor der Tür standen zwei kleine Fünftklässler und blickten er-schrocken zu mir hoch. »Was wollt Ihr denn?«, fragte ich fast etwas unwirsch. »Och«, meinte einer der Jungs mit hell leuchtenden Augen, »wir wollten nur mal fragen, wie es Ihnen grade geht, Pater Jonathan!« Ich war völlig perplex und murmelte etwas wie »Na ja, grad nicht so besonders, aber das wird schon wieder.« »Schönen Tag noch – Tschüüß!«, kam als Antwort und weg waren die beiden.

Ich stand da und spürte eine Träne über die Wange rollen. Sie schmeckte nach Salz. Verwirrt drehte ich mich zur Ikone in meinem Büro um: »O.k., gewonnen, dann mach ich halt weiter! – Danke!« Ich glaube ich habe mich vorher von Gott selten so tief ernst genommen gefühlt wie in dieser kleinen Alltagsbegebenheit. Es war weder eine Lösung der mich nervenden Probleme noch eine Antwort auf meine Zweifel und Fragen. Was blieb, war angerührte Betroffenheit ob der Punktlandung im düsteren Keller meines Ärgers. Die leuchtenden Augen der Jungs und der unbefangen helle Klang ihrer Frage hatten das Dunkel meiner Gefühle in eine helle Gewissheit verwandelt, dass ER da ist in meinem Leben. Ganz konkret und erfahrbar da. Und dass ER mit einer unbeschreiblichen Liebe da ist, um mich mit einer fast humorvollen Treue und schelmischen Bereitschaft zu verblüffen in der Art, wie er mich ernst nimmt. Don Camillo und seine Gespräche mit Christus entpuppten sich plötzlich als selbst erfahrbare Glaubensrealität.

Wie ein die Sonnenstrahlen bündelndes Brennglas hat mir dieses Ereignis ein Hoffnungsloch in mein Herz gebrannt, durch das immer wieder neu unverhofftes Licht auf meine unerlösten Gedanken und Gefühle fallen kann. Es hat sich dadurch die tiefe Gewissheit in mir verstärkt, dass es sich allen Schwierigkeiten und Unmöglichkeiten zum Trotz lohnt, daran zu glauben, dass es auch mitten in unserer heutigen Welt und Gesellschaft die Spur Jesu gibt und dass es sich lohnt, sie zu suchen – wo auch immer und wie auch immer. Natürlich kann man die gerade von mir geschilderte Begebenheit mit einem wissenden Lächeln als nette Geschichte abtun oder als fromme Interpretation eines zufälligen Geschehens. Das ist jedem selbst überlassen. Für mich trägt sie eine Glaubenswahrheit und Glaubenswirklichkeit in sich, die in meinem Leben zu einer Glaubenswirksamkeit geworden ist und immer wieder neu wird. Mein Leben jedenfalls bekommt dadurch Kraft und Farbe und Lebendigkeit, Freude und Dankbarkeit – unabhängig davon, ob meine persönlichen Vorhaben gelingen oder nicht. Unabhängig davon, welche Entwicklungen in Kirche und Welt, in Politik und Gesellschaft sich nach außen hin ergeben oder durchzusetzen scheinen.

Dass ich auf dem Weg meiner Gottsuche und meiner Sehnsucht nach Lebendigkeit immer öfter diese Herzensfreiheit spüren und erfahren darf, macht mich glücklich und dankbar. In dem oft zitierten Gedicht von Lothar Zenetti finde ich auch mich mit meinen Erfahrungen wieder:

*»Menschen, die aus der Hoffnung leben, sehen weiter.*
*Menschen, die aus der Liebe leben, sehen tiefer.*
*Menschen, die aus dem Glauben leben,*
*sehen alles in einem anderen Licht.«*

Der Blick hinter die anscheinend so zwingenden und oft so niederdrückenden Realitäten unserer Erfahrungen auf den verschiedenen Ebenen unseres Daseins ist möglich.

Das Salz der darüber geweinten Tränen ist dabei mehr als ein Zeichen von Ohnmacht und Trauer. Es kann auch ein Vorbote neuer Hoffnung sein, einer Hoffnung auf ein Leben, das nach mehr schmeckt als nach fader Beliebigkeit, verdünnter Freiheit oder oberflächlicher Erleichterung.

Der Weg hin zu einem Leben mit Gott ist ein Weg, der zu Fuß gegangen werden will. Viele Schritte sind notwendig, egal, ob sie klein und ängstlich sind oder groß und forsch. Es ist ein Weg, der die unterschiedlichsten Sinne öffnet statt sie zu betäuben. Wer mit solch offenen Sinnen in unserer Welt und Gesellschaft (und Kirche) lebt und sie mit dem, was in ihr geschieht, wahrnimmt, wirkt oft wie Salz – brennend, würzend, belebend. Dabei das jeweilige gute Maß zu finden ist die Kunst, die es zu erlernen gilt. Wer sie beherrscht, ist nicht mehr beherrschbar, sondern handelt aufrecht und frei. Er ist fähig zu Verantwortung und Beziehung, zu Liebe, Leidenschaft und Glück.

Dies ist Gottes Sehnsucht für uns Menschen und Jesus von Nazareth hat es in unsere Welt unauslöschbar hineingelebt. Ich bin zutiefst davon überzeugt, dass sich an dieser seiner frohen Botschaft immer wieder neu aufrichtender Glaube entzünden wird. Unabhängig davon, in welchem Zustand sich die Institution Kirche im Ganzen oder vor Ort befindet. Durch die frohe und befreiende Botschaft Jesu werden in den Menschen immer wieder neue »Fenster der Hoffnung« aufgerissen und ungeahnte Kraft zum Lieben freigesetzt.

Dass noch viele andere Menschen dies auch am eigenen Leib und im eigenen Herzen erfahren, dazu will ich mit diesem Buch anstiften. Es ist ein *Pilgertagebuch* auf dem weglosen Weg, jenem Weg, der erst entsteht, indem man ihn geht. Ich beschreibe darin das, was ich auf diesem Weg erfahren habe, welche Spuren er in mir hinterlassen und was er mit meinem Leben und mit meiner Lebenssicht bewirkt hat und bewirkt. Manches Beschriebene mag auf den ersten Blick naiv erscheinen, doch in seinem Kern und seiner Kraft ist es alles andere als das. Meine Aufzeichnungen und Betrachtungen sind auf dem Übungsweg entstanden, aus dem Wechselspiel von Versuch und Irrtum, und sie wollen zum »Selbstversuch« animieren.

Glaube lebt davon, dass man ihn übt. Wirklich übt, das heißt, ihn bis hinein in den persönlichen Alltag auswirken lässt. Je weniger Bereiche unseres Lebens wir von dieser Übungspraxis aussparen, desto klarer und vertrauter erfahren wir SEINE wortlose Nähe in dem, was wir tun, und in dem, was wir lassen. Das Leben – selbst das ganz schlichte und einfache, aber auch das herausfordernde – wird zu einer Erfahrung voller Würze und Kraft. Und wer einmal auf diesen Geschmack gekommen ist, wird ihn nicht mehr vermissen wollen.

Den Weg auf der Spur Jesu ins eigene Leben hineinzugehen ist natürlich nicht einfach, aber es lohnt sich, ihn (wieder neu) zu beginnen. Hinter dem Müll und den Scherben aller Enttäuschung und Resignation gibt es den hell leuchtenden Schatz einer unbeschreiblichen Lebendigkeit und aufrichtigen Lebensfreude.

Ich durfte und darf seit vielen Jahren für mich selbst und in der Begleitung mit anderen Menschen immer wieder ganz konkret erfahren, wie sich das anfühlt, wenn froher Glaube im eigenen Leben zur Wirklichkeit wird. Diese Erfahrung vielen anderen suchenden Menschen nahebringen zu können, ist Anliegen meines Buches. Es möchte dazu inspirieren, immer wieder einmal einen Blick auf den Weg Jesu zu werfen. Auf die unbändige Kraft und unberechenbare Liebe, die von ihm ausgeht.

Diese Energie, diese Lebensfreude und Lebenslust wünsche ich uns von Herzen. Trauen wir unserer Sehnsucht. Pflegen wir unsere Hoffnungskraft. Erweitern wir unseren Horizont. Stellen wir uns immer wieder die Fragen, die uns zu uns selbst bringen. Wissend, dass der eingeschlagene Weg ins Leben sich lohnt und dass auf ihm Ungeahntes möglich sein wird. Mit uns und durch uns. Damit sind wir, allen Querschlägern und Enttäuschungen und Peinlichkeiten zum Trotz, unterwegs zum Ziel, zum wirklichen Ziel.

*Damme/Oldenburg im Sommer 2009*
*P. Jonathan Düring OSB*

# Warum Salz und warum Suppe?

Eine Einleitung von Renate Lahrsow

Salz ist nicht nur das wichtigste Gewürz, sondern Salz ist für unser Leben genauso wichtig wie Wasser, denn auch ohne Salz könnten wir nicht existieren. Aufgrund seiner besonderen Eigenschaften ist Salz in der Lage, lebenswichtige Funktionen in unserem Körper zu übernehmen. Die Osmose, Grundlage des Zellstoffwechsels, wird über die Salzkonzentration in den Zellen gesteuert. Jede einzelne Aktivität unseres Körpers wird erst durch das Vorhandensein von Salz ermöglicht. Unser Gehirn und das zentrale Nervensystem, über das unsere Bewegungen und unser ganzes Tun und Handeln gesteuert werden, können ohne Salz nicht arbeiten. Die Nervenfasern können die Impulse nur weiterleiten, wenn die im Salz enthaltenen Elemente wie Kalium und Natrium vorhanden sind. Insofern bekommt die Aussage Jesu »Ihr seid das Salz der Erde« (Mt 5,13) eine im wahrsten Sinne des Wortes existenzielle Bedeutung.

Salz war vor allem in früheren Zeiten unendlich kostbar. Es war ein wertvolles Handelsgut. Wer es besaß, war mächtig und reich. Es wurde als »Weißes Gold« bezeichnet. Es gab bedeutende Handelswege, die Salzstraßen, auf denen das Salz transportiert wurde, zum Beispiel von Lüneburg nach Lübeck. Die Gewinnung und der Handel mit Salz brachte den Städten entlang den Salzstraßen Wohlstand und Reichtum. Bis 1933 gab es eine eigene Salzsteuer. Wie eng Salz mit Wohlstand verknüpft war, zeigt sich im alten

Wort »Salär«. Es bedeutet ursprünglich die Zahlung von Lohn oder Sold in Form von Salz.

Die elementare Bedeutung des Salzes zeigt sich auch im alltäglichen Sprachgebrauch. »Jemandem die Suppe versalzen« bedeutet jemandem schaden, ihm etwas verderben oder verleiden, seine Pläne vereiteln. »Jemandem nicht das Salz in der Suppe gönnen« bedeutet neidisch sein. Dem anderen nicht das zu gönnen, was sein Leben interessant und bunt macht, weil das eigene Leben vielleicht fade ist.

Das *Salz der Erde* sind wir, wenn wir uns vom Geist Jesu durchdringen lassen, unendlich kostbar für uns und für andere. Er gibt unserem Leben die Würze, durch die wir es in seiner Fülle schmecken dürfen. Diese Würze wirkt zugleich auch anziehend auf andere. Lehnen wir Gottes Angebot ab, verliert unser Leben an Aroma und damit das, was es für uns und für andere lebenswert macht. Es schmeckt uns nicht, weil es fade und langweilig ist, und wird somit auch für andere bedeutungslos und uninteressant.

Die wichtige Rolle, die Salz in unserem Leben spielt, zeigt sich auch darin, dass wir einen eigenen Geschmackssinn »salzig« kennen. Salzig können wir durch Geschmacksknospen auf der Zunge schmecken. Die meisten anderen Gewürze »schmecken« wir über die Nase. Dies ist ganz praktisch, denn die Nase kann uns warnen. Riecht etwas nicht gut, zu intensiv oder irgendwie suspekt, müssen wir es nicht unbedingt essen, um zu wissen, wie es schmeckt. Anders bei Salz: Ob zu wenig, genug oder zu viel Salz in der Suppe ist, finden wir nur heraus, wenn wir sie probieren. Falls sie versalzen ist, können wir sie nur noch ausspucken. Sein eigenes Leben mit Salz zu würzen – sich auf ein Leben mit Jesus einzulassen, bedeutet also auch immer, sich auf Unbekanntes einzulassen, ein Risiko zu wagen.

Salz lässt sich nicht wirklich durch andere Gewürze ersetzen. Das wird einem bewusst, wenn man salzarm oder gar salzlos essen muss. Man kann dem Essen zwar andere Geschmacksnoten geben, hat aber immer das Gefühl, dass etwas fehlt. Salz ist elementar. Andere Gewürze sind nur ergänzendes oder schmückendes Beiwerk. Kennt man einmal seine Würzkraft, kann man darauf kaum noch verzichten. Ebenso kann es einem in der Erfahrung mit Jesus ergehen.

Eine weitere Eigenschaft des Salzes war vor allem früher sehr wichtig, als es noch keinen Kühlschrank oder chemische Konservierungsmittel gab. Man machte Fleisch- und Wurstwaren durch die Behandlung mit Kochsalz haltbar. Dieses Verfahren, pökeln genannt, war schon in der Antike bekannt. Durch das Pökeln wird die Aktivität der Fäulnisbakterien und anderer schädlicher Mikroorganismen eingedämmt, indem ihnen durch das Salz Wasser aus ihrem Zellplasma entzogen wird. Dadurch werden die Speisen haltbar und verderben nicht. Das Salz der Erde, von dem Jesus spricht, schützt auch uns vor Fäulnis und Verderben. Das, was Jesus uns anbietet, ist keine leicht verderbliche Kost, sondern dauerhaft genießbar. Es gibt kein Verfallsdatum. Wir sollten das Salz aber auch benutzen, es ausstreuen und nicht im Salzstreuer lassen.

Salz kann sich vollständig in Wasser auflösen. Es entsteht etwas völlig Neues, was weder Salz noch Wasser ist: die Sole. Lässt man das Wasser verdunsten, erhält man wieder

Salz zurück. Lassen wir uns vom Wirken Jesu ganz durchdringen, dann bleibt nichts, wie es war, sondern es entsteht etwas ganz Neues, nicht einfach eine Mischung aus Gott und Mensch, sondern ein ganz neuer Mensch, ein Mensch, der vom Göttlichen ganz durchdrungen ist. Und Gott bleibt immer Gott. Er lässt sich mit uns Menschen ein, er löst sich in uns auf und wir in ihm. Und dennoch bleibt er immer Gott und der Mensch bleibt Mensch.

Früher streute man Salz in blutende Wunden, um sie zu desinfizieren und Blutungen zu stillen. Das brannte zwar höllisch, musste man aber für eine komplikationsfreie Wundheilung in Kauf nehmen. Salz in eine Wunde zu streuen ist im wörtlichen und im übertragenen Sinne sehr schmerzhaft, kann es doch die Kruste bei schlecht oder nur oberflächlich verheilten Wunden noch einmal aufreißen. Aber manchmal schwelt unter der dünnen Kruste noch ein Entzündungsherd und der kann nur abheilen, wenn die Kruste aufbricht und die Wunde so von innen nach außen abheilen kann. Sich auf den Weg Jesu einzulassen kann sehr schmerzhaft sein. Jesus verordnet uns eben nicht immer sanftes Balsam oder billige Trostpflaster, sondern richtige Rosskuren. Da brechen alte Wunden auf, kommen längst geheilt geglaubte Verletzungen wieder an die Oberfläche, fallen Krusten ab, welche die wunden Punkte bloßlegen. Lassen wir uns auf seine mitunter schmerzhafte und langwierige Therapie ein, so heilen unsere Wunden von innen heraus, von Grund auf.

Suppe war früher vor allem bei armen und einfachen Leuten im Gegensatz zu den wohlhabenden Schichten keine Vorspeise, sondern ein eigenständiges und vollwertiges Hauptgericht. Die Suppe konnte je nach dem Vorhandensein entsprechender Zutaten variieren in Zusammensetzung und Konsistenz (Brei, Eintopf). Fleisch in der Suppe war eher die Ausnahme, das gab es – wenn überhaupt – nur an Sonn- und Feiertagen. Umso wichtiger war das Salz in der Suppe, das diese würzig und wohlschmeckend machte. Wenn schon fast immer Suppe, dann sollte sie wenigstens nicht fad schmecken.

Suppe hatte aber schon immer und hat auch heute noch eine andere wichtige Bedeutung in der Ernährung, nämlich als Krankennahrung, wenn der Körper während oder nach einer Krankheit feste Nahrung noch nicht verträgt. Als stärkende Nahrung in der Rekonvaleszenz oder nach kräftezehrenden Prozessen war eine kräftige Suppe das Mittel der Wahl. So war es lange Zeit Usus, dass die Nachbarn einer Wöchnerin nach der Entbindung eine kräftige Fleischsuppe brachten.

Die Botschaft Jesu ist keine elitäre Kost für eine privilegierte Schicht, sondern ein Grundnahrungsmittel, das sich alle leisten können, auch die Schwachen und Kranken. Für sie ist die Botschaft Jesu kräftigende Schonkost, die wertvolle Nährstoffe in gelöster Form enthält, damit diese auch verdaut und vom geschwächten Körper aufgenommen werden kann und nicht unverdaut wieder ausgeschieden wird.

## Wenn der Glaube verdunstet und das Salz nicht mehr würzt, sondern brennt

Irgendetwas muss in der Entwicklungsgeschichte des Christentums und seiner Frömmigkeit falsch gelaufen sein. Die Christen gelten in den Augen der breiten Mehrheit der Gesellschaft meist als brave, leidenschaftslose und blutleere Zeitgenossen. Ein bisschen fromm und letztlich auch nicht ganz lebenstauglich. Die berufsmäßigen Vertreter der christlichen Religion, die Geistlichen – auch die jungen –, haben den gesellschaftlichen Rang einer älteren Dame. Wenn man noch höflich ist, lässt man ihnen den Vortritt. Die pastorale Einfühlsamkeit der Seelsorger wurde zur beliebten Karikatur für eine Religion, die man eigentlich gar nicht mehr richtig ernst zu nehmen braucht, weil sie den aktuellen und drängenden Problemen des Lebens und der Gesellschaft kaum mehr als ein paar fromme Worte und Appelle entgegenzusetzen hat.

Dabei war das nicht immer so. Die Geschichte der Kirche ist voll von Menschen, die sich leidenschaftlich, kreativ und höchst effektiv in die Unheilssituationen ihrer Zeit und Gesellschaft eingemischt haben. Warum scheint das heute, in unserer Zeit nicht mehr so der Fall zu sein? Vielleicht hängt es daran, dass es uns gelungen ist, dem Leiden seine Selbstverständlichkeit zu nehmen. Das Credo unserer heutigen Gesellschaft lautet: Leiden ist schlecht. Leiden ist zu meiden und zu vermeiden – unter allen Umständen. Die Kehrseite davon aber ist: Auch die Leidenschaft ist anrüchig und verdächtig geworden. Je leidenschaftlicher wir uns in eine Entwicklung oder Beziehung einbringen, desto mehr Leiden schafft uns das auch. Je mehr Herzblut wir in die Entwicklung einer Sache einfließen lassen, desto mehr verbluten wir darin. Der Einsatz für eine Sache darf nicht mehr wirklich wehtun. Das ist schlecht. Das gilt meist auch für unseren christlichen Einsatz. Auf diesem Hintergrund ist es kein Wunder, wenn sich heute so viele einstmals in der Kirche engagierte Menschen irgendwann enttäuscht, verbittert oder gleichgültig geworden, in ihre eigene, kleine private Welt zurückziehen. Vielleicht gehören wir ja auch selbst schon zu ihnen. Die Versuchung dazu werden wir jedenfalls kennen. Manche von uns sicher sehr gut.

Warum sollte ich mich noch weiter anstrengen und meine Energie und Zeit für ein offensichtlich längst von der Wirklichkeit überholtes unzeitgemäßes Projekt mit dem Namen »christlicher Glaube« einsetzen? Meine eigene Not und wie es in mir selbst aussieht interessiert ja auch niemanden und mein Einsatz wird auch nicht wirklich gewürdigt. Also lasse ich es und suche mir etwas anderes. Etwas, was mir Spaß macht. Etwas, was mich zumindest weniger kostet, weniger Schmerzen bringt und weniger Mühe macht.

Unter solchen Bedingungen ist es kein Wunder, dass sich auch immer mehr ehemals sehr engagierte Christen zurückziehen. Der Frust an der real existierenden Kirche und ihren oft selbst gemachten Problemen und Nöten ist für sie unerträglich. Es sind die dunklen und bitteren und unnötigen Erfahrungen des Lebens, die Ungerechtigkeiten, die Täuschungen und Enttäuschungen, der Neid und die Missgunst und vieles andere, die jeden Einsatz und Elan zum Erliegen bringen. Selbst unter Christen, die sich eigentlich auf der gleichen Wellenlänge bewegen (müssten), kommt es zu oft haarsträubenden Dissonanzen.

## Die Sehnsucht nach wirklichem Leben

Vielleicht aber sind all diese Differenzen, aus welchen Gründen auch immer, notwendige Steine und Klippen auf unserem Entfaltungsweg. Vielleicht bringt uns das Bewältigen dieser Schwierigkeiten und Barrieren schließlich schneller zum Ziel, als es ein Weg könnte, auf dem es all das nicht gibt. Wenn dem so ist, dann braucht es nur eines: Jemand, der uns zum Weitergehen ermutigt, wenn wir aufgeben wollen. Jemand, der uns daran erinnert, dass in unserem Herzen eine Sehnsucht glüht. Eine Sehnsucht nach wirklichem Leben. Die Sehnsucht, selbst wirklich und ursprünglich zu sein. Von unserem christlichen Glauben her ist uns dieses volle Leben versprochen und zugesagt. Es lohnt sich, wenn wir uns mit unserem »Reiseführer«, dem Neuen Testament und da vor allem mit den Evangelien, beschäftigen.

Als Christen sind wir immer auch Teil unserer Welt, unserer Zeit und Gesellschaft. Wir sind nicht abseits von der Welt und ihren Problemen. Gott sei Dank! Damit nämlich würden wir bereits die christliche Urbotschaft verraten haben: Die Botschaft, dass Gott sich einmischen will ins Geschehen unserer Welt und unserer Erde. Ein solch leidenschaftlicher Einsatz für das Leben hat Sinn und ist auch sinnvoll. Auch wenn sich nach außen hin scheinbar so wenig wirklich zum Positiven auf dieser Welt verändert und es keine dauerhafte nachhaltige Entwicklung zum Guten hin zu geben scheint.

Genau hier liegt die Gretchenfrage der jesuanisch-christlichen Glaubenspraxis. Menschlich gesehen ist es völlig verständlich und auch in Ordnung, wenn wir uns nach all den enttäuschenden Erfahrungen unseres Alltags auf eine Minimallösung zurückziehen, wenn wir nur noch das tun, was unsere Pflicht ist. Menschlich gesehen ist es völlig verständlich und auch in Ordnung, wenn wir uns vor neuen Verletzungen schützen und uns auf abgesicherte Positionen zurückziehen.

An diesem Punkt kommt dann die christliche Glaubenspraxis zum Tragen und erhält ihren »übermenschlichen Charakter«: Obwohl es völlig verständlich ist und auch in Ordnung, wenn wir nicht mehr weitermachen, machen wir weiter. Wir gehen weiter – und zwar auf ein Ziel zu, das es zu erreichen lohnt, auch wenn es noch in unerreichbarer Ferne erscheint. So suchen wir Wege, die es noch gar nicht gibt. Wir lassen Sicherheiten los, an die sich die meisten anderen festklammern. Wir stellen uns Fragen, deren Antworten uns auch uns selbst höchst unangenehm werden können. Wir vertrauen einer Wirklichkeit, die so seltsam wirkungslos erscheint. Wir glauben, dass das Scheitern oft gescheiter ist als Erfolg. Wir glauben, dass auch ohne äußere Veränderung innere Verwandlung möglich ist, eine Verwandlung, die jeden Einsatz lohnt und jeden Schweiß und jede Träne – auch wenn man von außen gar nichts sieht. Wir warten nicht darauf, dass die anderen beginnen. Wir beginnen bei uns selbst. Wir stellen nicht die anderen in Frage, sondern uns selbst: Wo lege ich Hand an bei den Problemen meiner Welt? Wo bin ich selbst daran beteiligt, dass es in meinem Umfeld nicht so hell und froh ist, wie es sein könnte oder wie ich es mir selbst wünsche? Wo bin ich selbst einer, der Misstrauen sät. Wo bin ich selbst eine, die Vertrauen zerstört? Wo bin ich selbst einer, der Angst hat, sein Gesicht zu verlieren, und deswegen zur Lüge oder Beschönigung greift? Wo ertrage ich selbst es nicht, wenn eine andere mehr zu gelten scheint als ich? Wodurch fühle ich mich bedroht? Wogegen wehre ich mich? Wann fahre ich aus der Haut? Wodurch wird ein anderer für mich zur Gefahr oder gar zum Feind?

Das sind keine rhetorischen Fragen. Es sind Fragen, die uns wirklich auf den Nägeln brennen sollten. In dem Maß, in dem wir uns selbst diesen Fragen stellen, stellen wir uns bei allem eigenen Potenzial zur Unmenschlichkeit auf die Seite der Menschlichkeit.

### Die dunklen Seiten anerkennen

Wir brauchen uns nichts vorzumachen. Wir wissen um die dunklen Seiten in der Geschichte der Kirche. Wir wissen aber auch um die dunklen Seiten und Fähigkeiten unseres eigenen Herzens und unseres eigenen Handelns. Wir wissen darum und wir verstecken sie nicht. Wir bleiben nicht dabei stehen, diese Seiten nur in anderen zu bemängeln oder zu bekämpfen. Gerade mit der Bibel und dem Evangelium als »Stammbuch« ist es uns Christen möglich, uns diesen dunklen Fragen zu stellen. Wir brauchen keine Angst zu haben. Weder vor uns selbst noch vor den anderen und der Gesellschaft.

Als Christen haben wir eine »Kompetenz in Auferstehungsfragen« vor allem in ausweglosen Situationen. Die Kirche ist in ihrer jeweiligen äußeren Institutionsform und Verfassung schon sehr oft untergegangen. Aber ihre Botschaft war nicht aus der Welt zu schaffen. Es gibt keinen Grund, warum das diesmal in unserer gegenwärtigen Situation anders sein sollte. Im Gegenteil, wir leben in einer Zeit, die sich dadurch auszeichnet, dass alles verwässert wird. Erschreckend viele Angebote sind im Letzten fad und geschmacklos. Gerade unsere heutige Gesellschaft hat neue Würze und guten Geschmack dringend nötig. Dies aber gibt es nur durch engagierte Menschen, die mehr einsetzen als schnell verdientes oder gewonnenes Geld.

Es ist noch keine hundert Jahre her, da zogen Scharen junger Frauen und Männer als christliche Missionarinnen und Missionare hinaus in alle Welt. Sie waren begeistert von der Aufgabe, den Menschen in Afrika, Asien, Amerika und Ozeanien den Glauben an Jesus Christus nahezubringen, vor Ort vorzuleben und Zeugnis für ihn abzulegen – und sei es mit dem eigenen Blut und Leben. Heute sieht die Situation so aus, dass immer mehr Aushilfspriester aus den ehemaligen Missionsgebieten in den – meist leeren – Heimatkirchen der Missionare ihrer Vorfahren versuchen, wenigstens eine gewisse religiöse Grundversorgung in unserem Land sicherzustellen.

Früher, so sagt man auch, da haben Kirchentage und kirchliche Veranstaltungen noch wirkliche Impulse gegeben. Da waren ihre Themen auch die Anliegen der Gläubigen. Das Ringen und der Aufbruch im Zweiten Vatikanischen Konzil zum Beispiel. Wie ist das heute? Sind die Themen der Kirche noch die der Gläubigen? Wo sind die Funken geblieben, die zumindest laut Kirchenzeitungen bei den jeweiligen Kirchen-, Katholiken- und Weltjugendtagen übergesprungen sein sollen?

Ein scharfer Vergleich kam – meist im Gespräch mit jugendlichen Diskussionspartnern – bereits in den Monaten vor der friedlichen Revolution im Herbst 1989 immer wieder auf. Sie müssten bei den kirchlichen Verlautbarungen immer wieder an die Parolen in der DDR denken. »Warum wohl hauen die meist jungen Leute von drüben ab?«, war damals die anzündende Frage. Und die Antwort lautete: »Weil sie die Nase voll haben von der obrigkeitlichen Gängelei. Weil sie es nicht mehr hören können, wenn von den Erfolgen des Kommunismus getönt wird, während ihnen Maulkorb und Kritiklosigkeit verordnet werden.«

»Und warum wohl hauen die jungen Leute aus der Kirche ab?«, hieß es dann provokativ. »Woher kommen die scharenweise Austritte aus der Kirche? So sehr, dass in kirchlichen Kreisen (damals schon!) besorgt von einer Verdunstung des Glaubens gesprochen wird?« Antwort: »Weil sie die Nase voll haben, wenn immer nur über Themen diskutiert wird, die nicht ihre sind. Wenn ihnen dauernd ein schlechtes Gewissen gemacht wird wegen ihrer Art zu leben und zu denken.«

Das Geschehen der friedlichen Revolution war damals ein deutliches Zeichen unserer Zeit, das auch in der Kirche erkannt werden wollte! Da hätte auch so manche Verkrustung unserer Kirche aufbrechen können. Nichts ist so gefährlich für den Glauben wie Selbstgerechtigkeit. Wie viele von denen, die unsere Kirche verlassen haben, könnten noch unter uns sein, wenn sie nicht auf einen hochnäsigen, sturen oder unzugänglichen Seelsorger gestoßen wären. Um wie viel lebendiger wäre die Kirche, wenn ihre Verantwortlichen wirkliche Gesprächs- und auch Veränderungsbereitschaft beweisen würden. Wenn nicht schon Fragen zensiert würden, aus Angst, sie könnten eine Unruhe verbreiten, der nicht mehr Herr zu werden ist.

Aber ist es nicht ganz natürlich, dass bei einem verstopften Abfluss zuerst mal der ganze Schmutz aus dem Rohr geholt werden muss, bevor wieder klares Wasser hindurchfließen kann? Es nützt nichts, aus Angst vor dem angestauten Schmutz und Müll den Deckel noch fester draufzuhalten. Das kennen wir ja auch von Familien- oder Arbeitssituationen. Auf die Dauer geht das nicht. Klärende Gespräche sind da gefragt und Vertrauen darauf, dass nach der Brühe wieder genießbares Wasser kommt und das Familien- oder Arbeitsklima wieder gereinigt ist. Natürlich geht das nicht ohne Umwege, Schmerzen und Auseinandersetzungen.

Auf die Kirche bezogen hätte das damals geheißen, dass Befürchtungen vor Kritik und kontroversen Diskussionen kein Grund hätten sein dürfen, bestimmte Themen als Tabu auszugrenzen. Die berühmte Politik der Glasnost und Perestroika von Michail Gorbatschow war in meinen Augen ganz klar *der* entscheidende Augenblick für wirkliche und tiefgreifende Wandlung – nicht nur ein Handlungsmotor in Moskau, Warschau, Budapest und Prag. Es hätte auch gut als Handlungs- und Wandlungsleitfaden für unsere Kirche getaugt. Doch diese Sicht wurde damals brüskiert abgelehnt.

So ging die Verdunstung des christlichen Glaubens quer durch die Generationen weiter. Die zu einem neuen Glauben und Handeln herausfordernden Zeichen der Zeit wurden in der Kirche nicht wirklich beachtet. Heute wird die Kirche nicht mehr beachtet.

## Der Christ und der christliche Glaube in den Augen der Zeitgenossen

Am krassesten ist die Beurteilung des christlichen Glaubens, der Kirche und ihrer Vertreter durch die überwiegende Mehrzahl der Jugendlichen. Für sie wirkt es meist höchst unangenehm, wenn sie mit Kirche und Glauben in Verbindung gebracht werden. Es existiert eine unausgesprochene, aber sehr wirksame »Peinlichkeitsschwelle«, was die Beteiligung an religiösen (Jugend-)Angeboten betrifft. Einzige Ausnahme bilden hier die sogenannten »Events«. Hier erscheint eine Beteiligung auch in Jugendkreisen gerade noch tolerabel zu sein. Veranstaltungen jenseits solcher Events aber gelten als uncool. Die darin angesprochenen Themen oder angeregten Projekte machen die jungen Menschen von heute nicht wirklich betroffen. Angegangene Fragen und Probleme zählen oft nur so viel wie der Unterhaltungswert ihrer Präsentation. Von nachhaltiger Wirkung oder missionarischen Aufbrüchen lässt sich – zumindest in unseren Breitengraden – auch nach über zwanzig Weltjugendtagen nur mit Mühe und viel gewolltem Willen in den jungen Bevölkerungsschichten etwas erkennen.

So sinnvoll die großen Aktionen und Events für die Vermittlung des christlichen Glaubens heutzutage auch sein mögen, so groß ist auch die Gefahr, dass sie unseren Blick – vor allem wenn sie erfolgreich sind – geradewegs auf die Zahlen ausrichten, auf das kurzfristig Sichtbare einer Veranstaltung und das, was sie äußerlich für den Moment auslöst oder anzustoßen scheint.

Das gilt auch für entsprechend organisierte Veranstaltungen im lokalen oder regionalen Bereich der Pfarreien oder Diözesen. Der – mehr oder weniger eingestandene – Blick auf die Zahlen der Teilnehmer gehört unter den Verantwortlichen oder engagierten Christen unserer Tage zu den Frusterzeugern schlechthin. Ihr persönlicher Einsatz erscheint wie ein wirkungsloses Anstemmen gegen einen Tsunami an Gleichgültigkeit und Beliebigkeit, der die bisher mehr oder weniger dicht besiedelten traditionellen Glaubensbereiche ausspült, unterhöhlt und letztlich von der Oberfläche unserer Kultur wegwischt.

## Warum die Antworten der Kirche nicht mehr interessieren

»Unsere Fragen interessieren Euch in der Kirche doch nicht? Warum sollten uns dann Eure Antworten interessieren?« Solche Sätze höre ich öfter vor allem von jungen Menschen. Oft auch von Menschen, die ihre Suche mit der Sucht vertauscht haben. Einer von ihnen, ein achtzehnjähriger Heroinabhängiger, erzählte mir weinend seine Geschichte, nachdem ich ihn in letzter Sekunde gerade noch von einem offenen Fenster im zweiten Stock, in dem er bereits sprungbereit stand, zurück ins Zimmer ziehen konnte. »Man hat mich nie ernst genommen«, meinte er schluchzend. »Meine Fragen haben nie gezählt. Irgendwann wollte ich dann auch nicht mehr fragen. Und da gab der Rausch die schnellste Antwort.« Und was mit einem Rausch begann, das führte immer tiefer in die Nacht der Sucht, bis er schließlich »an der Nadel hing« und sich Heroin spritzte. Mittlerweile lebt er nicht mehr. Er gab sich den »goldenen Schuss«. Die Nacht wurde zu schwarz um ihn.

Ich sprach darüber mit einem Verwandten, der sich selbst als Atheisten bezeichnete und mit dem ich mir schon Nächte um die Ohren geschlagen und über den Glauben diskutiert habe. Seine Antwort war wie Salz in einer offenen Wunde.

»Was ist ein Atheist?«, fragte er und gab auch gleich die Antwort dazu: »Ein Mensch, der nachts in einem schwarzen Raum sitzt.« »Was ist ein Philosoph?«, fuhr er fort. »Ein Mensch, der nachts in einem schwarzen Raum sitzt und dabei eine schwarze Katze sucht, die gar nicht da ist.« »Und was ist ein Theologe?«, fragte er provozierend, um nach meinem erwartungsvollen Achselzucken mit der sarkastischen Antwort zu schließen: »Ein Mensch, der nachts in einem schwarzen Raum sitzt und dabei eine schwarze Katze sucht, die gar nicht da ist und schreit: ›Ich hab sie!‹«

Sieht man einmal ab von der Ausgangssituation und dem Vergleich von Gott mit einer nicht anwesenden schwarzen Katze, so haben mich diese zugespitzten Antworten sehr nachdenklich gemacht. Nicht dass Gott nicht da ist, scheint mir dabei das Problem zu sein, sondern dass so viele schreien: »Ich hab ihn!« *Ich* hab ihn!« »Nein, *ich*!«

Dabei kann ihn niemand *haben*. Und schon gar nicht für sich selbst und noch weniger für sich allein. Was nützt es, wenn wir ins schwarze Dunkel unserer Welt hineinrufen: »Hierher, kommt zu uns – wir haben Gott!«, wenn wir die Wirklichkeit der anderen nicht mehr sehen, und sie die Unsrige nicht.

Wie viel nützlicher wäre es, hineinzusteigen in die dunklen Fragen unserer Zeit, diese Fragen auszuhalten und nicht gleich wieder mit Antworten und Erklärungen zu verscheuchen suchen. Aber um das zu können, brauchen wir, was die Bibel mit »lebendiger Hoffnung« umschreibt. Eine »unzerstörbare« Gewissheit, dass das wirklich stimmt mit dem Auferstandenen.

## »Halt mich nicht fest!«

»Halt mich nicht fest!«, das war die erste Bitte, die nach dem Johannesevangelium der Auferstandene an einen Menschen gerichtet hat. »Halt mich nicht fest!«, das heißt gleichzeitig: »Such mich wieder neu!« Ja, bleib auf der Suche und posaune nicht vor Dir her, dass Du mich gefunden hättest. Das hast Du zwar auch, aber nicht für immer. Bleib ein suchender, bleib ein fragender Mensch. Das zum Beispiel ist auch die wichtigste Voraussetzung in der Regel des heiligen Benedikt, wenn sich jemand der klösterlichen Gemeinschaft anschließen will. Der Novizenmeister soll vor allem darauf achten, ob der Novize wahrhaft Gott sucht. Nicht was für Qualitäten er hat, nicht was für ein toller und wichtiger und talentierter Mensch das ist, nein, ob er wahrhaft Gott sucht, ist das Entscheidende. Nur so wird ein junger Mensch sein Leben in einer klösterlichen Gemeinschaft zur Entfaltung bringen können. Und das gilt nicht nur für ein Leben im Kloster.

Wahrhaft Gott suchen heißt aber auch: Gott noch nicht gefunden zu haben, ihn noch nicht begriffen zu haben – und sich dies auch einzugestehen. Ich bin noch auf der Suche. Ich bin noch unterwegs. Ich bin noch lange nicht am Ziel. Im Übrigen stiften offene Fragen mehr Gemeinschaft als gegebene oder vorgegebene Antworten.

Wo immer wir mit dieser offenen Frage im Herzen unterwegs sind, wirken und bewirken wir mehr zum Heil unserer Welt, als wenn wir sie mit vermeintlichen Antworten beglücken. Die manchmal auch quälende Frage nach Gott aushalten und auch die oft dunklen Gefühle, die damit verbunden sind, das erzeugt mehr lebendige Hoffnung als jede noch so überzeugend vermittelte Antwort darauf.

### Lebendige Hoffnung im Dunkel

Lebendige Hoffnung im Dunkel zu haben, das könnte sich vielleicht so anhören: »Halt Dich fest! Hier ist meine Hand, lass uns nach Gott suchen auch in Deinem Leben.« Ob es da nicht doch ein wenig heller würde in unserer Welt? Es ist keine Schande, voller Angst und voller Furcht zu sein. Wo immer diese Angst gemeinsam sein darf, wo sie gemeinsam ausgehalten wird, da gibt es auch für Gott die Möglichkeit, durch unsere verschlossenen Türen zu kommen, so wie Jesus nach seiner Auferstehung bei seinen eingeschüchterten Jüngern.

Wir brauchen gar keine Antwort zu wissen auf die Fragen nach dem Sinn und nach dem Leben. Ein »Komm, ich such mit Dir!« kann viel ermutigender sein. Aber dazu müssten uns andere Menschen wirklich interessieren. Interessieren als Gefährten auf einem gefahrvollen Weg.

Das ist eine brennende Frage. Nehmen wir die anderen Menschen, mit denen wir zusammenleben, die wir vielleicht sogar gern haben, ja die wir sogar lieben möchten, überhaupt in ihrem eigentlichen Wesen wahr? Was interessiert uns an ihnen? Sind wir ihnen nur deswegen gut, weil wir uns etwas von ihnen versprechen; weil wir sie noch gebrauchen können? Wie schnell sind wir enttäuscht, wenn die anderen nicht das sind, wie wir sie uns vorstellen.

In den Evangelien selbst finden wir dazu genügend salzhaltige Fragen, die, wenn wir bereit sind, sie in uns brennen zu lassen, zu neuen Sichtweisen und Verständnishorizonten führen. Vor allem rufen die Evangelien uns dazu auf, Jesus Christus und seine Botschaft von dem unberechenbar menschlichen Gott nicht leise und lautlos an den Rand unseres Lebens zu drängen.

Gott liebt uns nicht, weil wir ein Recht auf seine Liebe haben. Jesus sagt: Gott liebt uns grundlos. Grundlos ermöglicht er uns das Leben. Du musst Gott nichts beweisen. Weder wie gut Du bist, noch wie rechtschaffen. Du musst ihm auch nicht beweisen, dass du ihn liebst. Aber umgekehrt gilt das Gleiche. Gott muss auch Dir nichts beweisen. Weder wie gut er zu Dir ist, noch wie gerecht, noch dass er

Dich liebt. Gott sieht Dich – als sein Ebenbild mit unendlichen Möglichkeiten –, das genügt. Damit hast Du noch viel mehr Möglichkeiten, als Du denkst, ganz zu schweigen von den Möglichkeiten, die Dein Gott noch mit Dir hat. Sei Dir dessen bewusst, vor allem dort, wo Du nicht mehr weiterweißt. Dort, wo Du Dich verrannt und festgebissen hast, wo Du keinen Ausweg mehr siehst. Stell Dich in den Raum dieser unendlichen Möglichkeiten und sie werden zu *Deinen* Wirklichkeiten – nicht weil Du ein Recht darauf hättest, sondern weil Gott Dich grundlos liebt.

## Die christliche Realität

Die Frage nach der Nachhaltigkeit von Programmen und Aktionen hat in den vergangenen Jahren wieder zugenommen. Warum stehen wir Menschen immer wieder neu vor den Scherbenhaufen unserer Hoffnungen auf eine menschlichere Gegenwart und Zukunft? Warum gibt es keine dauerhafte, nachhaltige Entwicklung zum Guten hin? Warum ist immer alles, worüber wir uns freuen können, gefährdet?

Wenn wir das konsequent weiterdenken, können wir – verständlicherweise – zu dem Schluss kommen, dass sich damit ein Einsatz für eine Verbesserung gar nicht lohnt. Es bringt ja eh nichts. Irgendwen gibt es immer, der die Macht hat, alles Erreichte und Aufgebaute wieder zu zerstören. So ist auch die Frage unserer Zeitgenossen berechtigt, ob wir Christen uns nicht wirklich etwas vormachen, wenn wir uns an Menschen orientieren, die sich oft auch unter der Preisgabe ihres eigenen Lebens für eine neue, menschlichere Welt eingesetzt haben.

### Die ersten Zeugen Jesu als ermutigende Vorbilder

Der Blick auf die Evangelien macht uns deutlich, dass wir uns damit in recht prominenter Gesellschaft befinden. Den Aposteln und Jüngern Jesu ging es damals am Anfang genauso wie uns heute. Immer wieder war da auch bei ihnen die zweifelnde Frage: Warum soll ich mich dauernd so ganz anders verhalten, als »man« sich verhält?

»Stimmt die Entscheidung, die ich getroffen habe, wirklich?« Immer wieder kommt bei ihnen die Angst nach oben, dass es ein Griff ins Leere gewesen sein könnte, für diesen Jesus alles zu verlassen und sich mit ihm auf den Weg zu machen. Es ist ja ein wahrhaftig zweifelhafter Weg, der mehr quälende Fragen auslöst, als dass er beruhigende Antworten gibt. Wie oft wird den Jüngern bei den klaren Worten und provozierenden Bildern ihres Meisters verständnislos die Kinnlade runtergefallen sein. Aber sie bleiben mit ihm auf dem Weg. Sie bleiben es, weil sie spüren, dass es nicht nur frommes Gerede ist, was er da von sich gibt. Sie bleiben es, weil sie spüren, dass ihr Meister von einer Kraft durchdrungen ist, die alles übertrifft, was sie bislang in sich selbst oder bei anderen erlebt haben. Und sie bleiben mit ihm auf dem Weg, weil sie spüren, dass dieser Mensch zutiefst wahrhaftig ist und selbstlos. Sie spüren, dass dieser Mensch lebt, was er spricht und verkündet – auch wenn sie selbst das noch gar nicht alles verstehen können. Und weil sie mit ihm auf dem Weg bleiben, lernen sie mehr und mehr, was in ihrem eigenen Leben alles verborgen ist an Möglichkeiten und Freiheit und Erfüllung und Liebe. Sie lernen das Leben, weil sie –

trotz ihrer Zweifel und Ängste – es immer wieder neu wagen und fertigbringen, die Hände zu öffnen und ihre Vorstellungen und Wünsche loszulassen, die sie beschäftigen.

Genau da können die ersten Zeugen Jesu auch noch für uns heutige ein ermutigendes Vorbild sein. Nicht weil sie religiöse Titanen gewesen wären, die die Welt aus den Angeln heben konnten. Nicht weil sie sich mit wehenden Fahnen und unerschütterlicher Treue zu ihrem Meister bekannt hätten. Nein, sie sind Vorbilder, weil sie so menschlich sind, so unberechenbar menschlich – menschlich mit allen Macken, die man sich nur denken kann und die wir auch von uns selbst kennen, oder zumindest von den anderen. Und mit all diesen Macken und Mängeln haben sie sich auf den Weg gemacht, um das Leben zu lernen – ein Leben, das sich lohnt, dass man es lebt und erlebt. Allen widrigen äußeren, familiären oder gesellschaftlichen Umständen zum Trotz.

Der Weg war für sie eng, solange ihr Herz noch eng war, und sie waren ängstlich, »engstlich« – zu »eng-stlich« für die Freiheit, die ihnen Jesus vorgelebt hat. Aber sie blieben mit ihm auf dem Weg, sie quetschten sich durch die Schluchten ihrer Angst und Panik, sie durchwateten die Sümpfe ihrer heimlichen Fantasien und Wünsche nach Macht und Einfluss, sie überquerten die Gebirge ihrer Sorgen, die um ihr Leben und ihre Zukunft kreisten. So haben sie gelernt und erfahren, was es auf sich hat mit dem wirklichen Leben. Sie hatten die Größe, Schüler zu bleiben, Lernende, Suchende. Sie haben es gewagt, über ihr eigenes Wissen hinaus nach Weisheit zu suchen, nach tiefer Einsicht in die Zusammenhänge und Hintergründe des Lebens. Sie haben es gewagt, daran zu glauben und zu vertrauen, dass Gott gerade auch in ihrer Ohnmacht und durch ihre Ohnmacht hindurch wirken will und wirken kann. Je länger sie mit Jesus auf dem Weg blieben, desto mehr ging ihnen das Geheimnis der Macht der Demut auf. Je älter sie wurden auf diesem Weg, desto freier und gelassener wurden und wirkten sie. Man sah es ihnen an und spürte, dass ihr Leben sich nicht mehr nur um die alltäglichen Dinge und Sorgen drehte, sondern dass es da um unendlich viel mehr ging.

## Bis zur inneren Freiheit ist es ein langer Weg

Natürlich ist das ein langer Weg, zu einer solch inneren Freiheit zu gelangen, die nicht mehr auf ein bestimmtes Ergebnis fixiert ist, sondern im Gegenteil sogar noch aus dem Scheitern aller eigenen Pläne neuen Mut zu schöpfen weiß. Unsereins tut sich da noch etwas schwer damit. Eigentlich sind wir ja oft sauer auf Gott. Wir fühlen uns von ihm im Stich gelassen mit unseren Bemühungen, das Leben aus dem christlichen Glauben heraus zu leben und zu meistern. Eine Unmenge von Fragen schwirren uns durch Hirn und Herz. »Wo warst du, Herr, als ich nicht mehr weiterwusste?« »Wo blieb Deine Hilfe, als unsere Ehe in die Brüche ging?« »Was wolltest Du mit all den Zeichen und Hinweisen in meinem Leben, durch die ich mich letztlich doch nur verlaufen habe?« »Wo bist Du, wenn unsere heranwachsenden Kinder so ganz andere Wege gehen und Dir und uns den Rücken kehren?« »Wo bleiben Deine Wunder, wenn Krankheit uns einen brutalen Strich durch unsere Lebensrechnung macht?«

Viele von uns haben sich daran gewöhnt, ihren heimlichen Ärger mit Gott und über seine scheinbare Untätigkeit zu übergehen oder auszuklammern. Wir sind von ihm enttäuscht. Wir resignieren, ohne laut zu protestieren. Wir reden nicht mehr über ihn, geschweige denn mit ihm. Und wie schnell und wie oft verwandelt sich für uns das uns zugesagte Erbarmen Gottes in eine ärgerliche Erbärmlichkeit Gottes! Warum zeigt er sich uns nicht eindeutiger? Warum greift er nicht durch? Warum schafft er nicht endlich reinen Tisch, dass jedermann merken kann, wer Herr in der Welt ist? Warum ist das Wirken Jesu so eigenartig wirkungslos, wenn er auf Widerstand trifft? Bereits sein erster Auftritt in der Heimat, unter seinen eigenen Verwandten, eben noch mit Staunen und Beifall begonnen, endete mit seinem Hinauswurf. Seine Landsleute von Nazareth drängten Jesus einmal an den Abhang des Berges, als er ihnen zu peinliche Fragen stellte. Als einer der ihren – und das war Jesus für sie als der ihnen bekannte Sohn des Zimmermanns – hatte er nicht das Recht, ihre Lebensweise und ihre Glaubenspraxis in Frage zu stellen.

Da reagieren wir heutigen ja auch nicht unbedingt erfreut darüber, wenn jemand aus der eigenen Familie, der eigenen Gemeinschaft, der eigenen Partei interne Angelegenheiten öffentlich ausspricht. So jemand ist ein Nestbeschmutzer. Im Grunde hat überhaupt niemand das Recht, uns in Frage zu stellen. Wer das dennoch tut, muss mit unserem Widerstand und unserer mehr oder weniger gezeigten Aggression rechnen.

## Das Leben neu ausrichten

Das scheint mir auch der Grund zu sein, warum die Botschaft Jesu bis heute so wenig zu greifen scheint. Wer sie in seinem Leben verwirklichen will, muss sich zuallererst einmal umkrempeln lassen in seinen bisherigen Vorstellungen, Denkmustern und Handlungsweisen. Wir drängen Jesus mit seiner uns hinterfragenden Botschaft an den Rand unseres Bewusstseins; wir drängen ihn an den Rand unserer Interessen, an den Rand vor allem unserer Lebenspraxis. Wir handeln oft so, als wüssten wir nichts von Gott und von Jesus Christus. Wir vergessen, Gottes unendliche Güte und sein Erbarmen auch und gerade dann in Anspruch zu nehmen, wenn das Leben uns hart mitspielt und Gott sich plötzlich als der ganz und gar Unbegreifliche zeigt.

Wir sind in derartiger Weise Gewohnheitschristen geworden, dass wir Gott immer noch verwechseln mit unseren eigenen kleinlichen Wünschen und Vorstellungen von ihm und davon, wie ein »guter oder lieber Gott« sich zu verhalten hätte. Insgeheim sind wir oft auch überzeugt davon, dass wir ein Recht auf ein unseren Wünschen entsprechendes Einwirken Gottes hätten. Die Botschaft Jesu aber kennt keine Rechte – und schon gar keine Vorrechte. Jesus stellt den Menschen in den Raum der Möglichkeiten, seiner Möglichkeiten, seiner unendlichen Möglichkeiten. Wer seine unendlichen Möglichkeiten nicht sehen will und sich stattdessen hinter seinen Rechten und angeblichen Rechtsansprüchen verschanzt, muss sich von der Botschaft Jesu angegriffen fühlen. Uns ist im Laufe der Jahre ein »religiöses Gewohnheitsherz« gewachsen. Wir merken oft kaum noch, dass wir an Gott mit derselben Erwartungshaltung, ja mit demselben Anspruchsdenken herangehen wie auch sonst in unserem Leben: »Was bringt's? Was habe ich von meiner Religion, von Gott?«

Merken wir noch, wie wir Gott ständig festlegen auf unsere Interessen und Wünsche, wenn es kritisch wird im Leben? Auf unsere Ansprüche, wenn wir dem Unerwarteten und Unberechenbaren gegenüberstehen? Wir nehmen nicht mehr Maß an ihm. Er soll sich nach unseren Vorstellungen richten.

## »Ihr seid das Licht der Welt«

Wenn dann auch noch Ansprüche an uns gerichtet werden, wie sie in der Bergpredigt formuliert sind, dann ist das Maß für uns endgültig voll. »Ihr seid das Licht der Welt«, heißt es dort an einer Stelle. »Eine Stadt, die auf einem Berg liegt, kann nicht verborgen bleiben. Man zündet auch nicht ein Licht an und stülpt ein Gefäß darüber, sondern man stellt es auf den Leuchter; dann leuchtet es allen im Haus. So soll euer Licht vor den Menschen leuchten, damit sie eure guten Werke sehen und euren Vater im Himmel preisen.« (Mt 5,14–16)

»Das klingt ja schön und gut«, habe ich lange bei dieser Stelle gedacht, »aber was mache ich, wenn es in mir selbst finster ist, wenn ich Angst habe vor dem, was mir da bevorsteht an Druck und Streit? Wenn mir die Auseinandersetzungen und die Ausweglosigkeit den letzten Nerv rauben und die Lust am Leben vermiesen? Was soll ich da noch

Licht sein? Da kann ich kein Licht sein. Da will ich kein Licht sein!« Ein solcher Einwand muss gesehen, gehört und beachtet werden. Denn wir können nicht immer Licht sein. Wir tragen immer auch die Dunkelheit in uns mit. Das eigene Fragen, das eigene Scheitern und Versagen, die eigene Angst, die eigenen, meist ungewaschenen Gefühle und düsteren Gedanken. In solchen Situationen klingt die Bergpredigt Jesu wie frommes Gewäsch und wirklichkeitsfremde Weltsicht. Wenn wir mit unserem Blick nur auf unsere eigene kleine Lebenswelt und nur auf unsere eigene kurze Lebensgeschichte starren, werden wir sicher genügend Gründe finden und haben, warum das Wort vom Licht für uns nicht gilt und nicht gelten kann.

Dennoch ist diese Aufforderung auch auf uns gemünzt. Sie meint eine jede und einen jeden von uns. »Du bist das Licht, das Deine Welt jetzt braucht«, sagt sie. »Versteck es nicht. Versteck Dich nicht. Weder hinter falscher Bescheidenheit noch hinter überzogener Selbsteinschätzung.«

Du bist das Licht, das Deine Welt jetzt braucht. Das gilt vor allem dann, wenn es um Dich herum dunkel ist, finster, hoffnungsleer oder sinnlos. Du bist das Licht, das Deine Welt jetzt braucht, das gilt für Deine Welt zu Hause in der Familie, unter Deinen Geschwistern, mit Deinen Eltern, mit Deinen Omas und Opas und Verwandten genauso wie für Deine Welt mit Deinen Freundinnen und Freunden. Das gilt für draußen und drinnen: Du bist das Licht, das Deine Welt jetzt braucht. Versteck Dich nicht!

Das Licht im Herzen kann letztlich gar nicht verschluckt werden, höchstens versteckt. Wer auch immer die Botschaft

Jesu ernst nimmt in seinem Leben, in seinem ganz konkreten Leben, in seinem ganz konkreten Alltag, der wirkt. Manchmal wie Salz, manchmal wie Licht. Salz, das zwar manchmal brennt, aber im Letzten würzt und heilt. Licht, das man schon von weitem sieht und vor allem im Dunkeln.

### Leuchtfeuer des Glaubens

Welche Kreise dieses Licht ziehen kann, sehen wir an Benedikt von Nursia. Er wirkte mit seinem Dasein unter den Brüdern seiner klösterlichen Gemeinschaft wie brennendes, aber würzendes und heilendes Salz. Unter den Menschen in seiner Welt wirkte er wie ein weithin leuchtendes Licht der Hoffnung, wie ein Leuchtfeuer des Glaubens, wie eine unlöschbare Glut der Liebe. An diesem Benedikt hat sich das Leben unzähliger Menschen in zerbrechenden Zeiten neu entzündet und neue Lebendigkeit entfacht, wo alles verloren schien. Einundzwanzigmal schien durch die Jahrhunderte hindurch auch in seinem Kloster alles verloren. Einundzwanzigmal wurde nahezu alles zerstört, was die Mönche erarbeitet und aufgebaut hatten. Einundzwanzigmal wurde alles wieder neu aufgebaut. Ein Werk, das seinen Anfang nimmt im Abgrund eines trotz allem glaubenden, hoffenden und liebenden Herzens, kann nicht zerstört werden. Dunkelheit ist kein Grund, das eigene Licht zu verstecken. Im Gegenteil!

Auch das Kloster Münsterschwarzach wurde schon mehrfach zerstört – und wieder aufgebaut. Auch an diesem Ort lebt und wirkt das Geheimnis der glaubenden und hoffenden und liebenden Herzen. Und es gilt. Jeder Ort kann so ein Ort werden. Es liegt an uns, wirklich an uns, an jedem und jeder von uns, ob und wie das Licht heute und morgen leuchten darf und leuchten kann.

Überall gilt die Bitte und sie richtet sich vor allem an die Jugend: Lasst Eure Lebendigkeit leben. Zeigt Euch in Eurer Hoffnung und Euren Fragen, in Euren Ängsten und Eurem Glauben. Lasst Euch ansehen. Duckt Euch nicht weg. Wir Erwachsene brauchen Euch. Unsere Welt braucht Euch und Euer Leuchten. Das Leuchten Eurer Augen. Das Pochen Eurer Herzen. Den Klang Eurer Stimmen. Lasst Euch ansehen. Und schaut Ihr auch uns an, uns Erwachsene, denn auch wir brauchen Ansehen. Lasst uns miteinander unseren Lebensort zu einem Ort machen, an dem wir es immer mehr und immer neu lernen können, einander Ansehen zu schenken, aufrichtigen Respekt, aufrichtenden Respekt. Das gilt ohne Vorbehalt und ohne Vorbedingung. Sobald wir das Spiel des vermiesten und verdrießlichen Lebens satthaben, wendet sich das Blatt. Das Leben war noch nie anders. Das Leben war noch nie schöner oder besser oder förderlicher. Es gab und gibt sie nicht, die guten alten Zeiten, in denen alles besser gewesen wäre. Leben will gemeistert werden – so wie es uns begegnet. Das Leben fragt nicht, ob es mit dem, was es uns bringt, in unser Konzept und unsere Vorstellungen passt. Es kommt oft – ja sogar meist – so, wie es uns gar nicht passt. Und dann heißt es: Mach was draus! Such Dein Licht und beleuchte damit, was noch nicht passt. Stell Dich hin und handle! Stell Dich aufrecht hin! Stell Dich so hin, dass man Dich sieht! Lass

Dein Licht leuchten – aus Deinen Augen in Deine Welt. Wenn Du das übst und lernst, hast du *alles* gelernt, was sich zu leben lohnt.

Auch Benedikt von Nursia hat sich seinen eigenen Abgründen und Dunkelheiten stellen müssen und hat sich ihnen gestellt. Seine Fragen waren aufrichtig. Sein Scheitern und Versagen wirkte aufrichtend und ermutigend. Seine Angst machte ihn menschlich. Seine Gefühle und Gedanken stellte er in das klärende Licht, das er im Evangelium Christi entdeckt hatte. Das ist das eigentliche Lebensgeheimnis des Mannes, dem es Europa verdankt, dass seine Kultur erhalten blieb. Benedikt hat an Jesus Christus geglaubt, daran, dass dieser Christus wirklich und wirkend ist, immer da, in jedem Menschen wirklich da, durch jeden Menschen wirksam da. Wer das glaubt, richtet auf. Wer das glaubt, an dem kann man sich neu ausrichten. Wer das zu glauben lernen will, wird aufgerichtet und hell. Das gilt für alle Zeiten – auch für die Unsrige. Das gilt für jede Zukunft – auch für die Unsrige.

## Gott geht es um den Menschen

Es ist die große Versuchung des Menschen, sich vom Äußerlichen blenden zu lassen und es zu seiner Richtschnur zu machen. Oft wird sie dann auch zu einer wirklichen Richt-Schnur, einer Richtschnur, an der wir andere Menschen »aufhängen«, nur weil sie anders leben als wir. Nur weil sie anders denken oder handeln als wir. Dabei kann doch wahrhaftig niemand von uns sagen, in wessen Leben Gottes Liebe mehr zum Zuge kommt oder kommen darf. Und vielleicht sind diejenigen, die mit Gott, dem Glauben, der Kirche nichts, nichts mehr oder nicht mehr viel anfangen können, näher an ihm dran als Mönche, Ordensleute und Geistliche, von denen man glaubt, sie seien es.

Gott geht es nicht um die Kirche. Gott geht es auch nicht um ein Kloster. Und Gott geht es schon gar nicht um ein Gesetz. Gott geht es um den Menschen – wo immer er ist, was immer er tut. Um des Menschen willen wird er töricht vor Liebe. Um seinetwillen wird er schwach. Das glaubwürdig zu leben und zu zeigen ist unser Auftrag als Kirche.

Wenn wir uns dieses Herzensanliegen Gottes, das Wohl und das Heil des Menschen zu unserem eigenen Herzensanliegen machen, werden wir auch immer besser mit dem umgehen können, was uns das Leben in unserer Kirche oft nicht leicht macht. Weil wir dann nicht die Institution lieben, sondern die Menschen, die in ihr leben, brauchen wir auch die Fehler, die sie machen, nicht abzustreiten, zu beschönigen oder gar zu verteidigen. Das macht uns frei und bereit, auch die vielen Unglaubwürdigkeiten und den Verrat an der Verkündigung einer befreienden und frohen Botschaft selbst mit auszuleiden.

Wenn wir auf diese Weise unsere Kirche lieben, nehmen wir auch die Ablehnung und die Kritik derer ernst, die von ihr enttäuscht wurden, sie belächeln oder sie verachten. Aber, und das ist ganz wichtig: Es darf uns nicht in erster Linie um sie als Institution gehen. Ihr innerer Auftrag ist wichtiger als ihr Bestand in einer bestimmten äußeren Erscheinungsform. Das wird vor allem an einer Stelle deutlich, in der bei Jesus das Fass überläuft. Es ist bei seinem letzten Besuch im Jerusalemer Tempel, der in seinen Augen als Markthalle missbraucht wurde. Da greift der sonst so friedfertige Jesus sogar zur Geisel, um die Händler und Geldwechsler zum Tempel hinauszujagen. Jesus ist gerade dann von einem heiligen Zorn erfüllt, wenn er spürt und erfährt, dass Gott, also sein Vater, als ein unbarmherziger Gott hingestellt wird. Als ein Gott, dem es nur auf die genaue Erfüllung der Gebote, der Brand- und Schlachtopfer ankomme. Als ein Gott, der nur die Frommen begünstigen würde. Gegen diese Gottesvorstellung läuft Jesus Sturm. Von Anfang an geht er gerade auf die Ausgestoßenen und Verachteten zu, macht sie heil und gesund. Isst und trinkt, weint und lacht mit ihnen. Er deckt die scheinheilige Heuchelei derer auf, die vor den anderen und schließlich auch vor Gott glänzen wollen.

## Barmherzigkeit

Mit seinem Leben und mit seiner Botschaft entlarvt Jesus die eigentliche Sünde des Menschen: die Unbarmherzigkeit. Solange Unbarmherzigkeit und Hartherzigkeit für uns keine Sünden sind, so lange belügen wir die Welt und uns selbst, wenn wir sagen, wir seien Christen. Und hier müssen wir ganz nüchtern sehen, dass ein jedes Recht – auch das Kirchenrecht – die Gefahr in sich birgt, dass die Sünde der Unbarmherzigkeit unter dem Deckmantel von Gerechtigkeit und Ordnung fröhliche Urständ feiern darf. Wie oft drehen wir die Botschaft Jesu einfach herum. Er sagt: »Seid barmherzig. Überlasst Gott das Richten.« Wir dagegen sagen: »Wo kämen wir denn dahin, wenn jeder machen könnte, was er wollte.« Wir richten lieber – und überlassen Gott die Barmherzigkeit.

An dieser Stelle ist es wichtig, dass wir uns einmal klarmachen, was denn Barmherzigkeit ist und was nicht. Unbarmherzigkeit sieht hin und deckt auf, um abzugrenzen und auszuschließen. Das ist eine Gefahr vor allem für rechtlich denkende Menschen. Falsche Barmherzigkeit sieht weg oder drückt ein Auge zu, um nicht ausschließen oder einschreiten zu müssen. Echte Barmherzigkeit schließlich sieht hin mit offenen Augen. Sie deckt auf, damit sich der oder die andere nicht selbst ausschließt. Echte Barmherzigkeit sieht nicht nur den Dreck, sie sieht auch die Wunde, die darunter verborgen liegt.

Das ist gleichzeitig auch der Auftrag, der sich aus der Nachfolge Jesu ergibt, nämlich den Menschen zu zeigen, wie es sein kann, wenn Gott das eigene Herz verwandeln darf. Den Menschen zu zeigen, dass das Leben einen Sinn hat, wenn man um den Glauben an den Gott und die Botschaft Jesu Christi ringt. Es ist der Auftrag, den Menschen zu zeigen, dass es möglich ist, der Angst, der Macht und sogar dem Tod den Schrecken zu nehmen, den sie verbreiten.

## Der Weg über das Kreuz

Diesen Weg und keinen anderen ist Jesus vorneweg gegangen. Er hat sich nicht freiwillig geopfert, damit uns das Opfer erspart bleibt. Er hat sich freiwillig geopfert, damit wir ihm mit unserem Leben auf diesem Weg nachfolgen können. Das Befreiende und Erlösende an dieser Botschaft ist, dass da einer »freiwillig«, frei und willig, vortritt und nicht darauf hofft, dass es statt seiner einen anderen trifft, er dagegen ungeschoren davonkommt. Da tritt einer vor und sagt nicht: »Warum ausgerechnet ich?«, sondern: »Hier stehe ich. Du bist am Zug. Schlag zu. Ich wehre mich nicht.«

Je weniger Menschen sich freiwillig, in welcher Form auch immer, für andere opfern, desto mehr und größere unfreiwillige Opfer werden von allen verlangt. Aber überall da, wo es Menschen gibt, die bereit sind, genau dies zu tun, werden die Gewalttätigen bald ohnmächtig sein. Ohnmächtig wie die Briten in Indien angesichts eines Mahatma Gandhi. Ohnmächtig wie die Weißen in den USA angesichts eines Martin Luther King. Oder ohnmächtig wie ein Erich Honecker und seine Genossen angesichts des friedlich demonstrierenden Volkes.

Genauso sind wir aufgerufen, Salzkörner der Liebe zu sein. Genau deshalb können wir als Christen auch nur dann dieses reinigende und würzende Salz sein, wenn wir akzeptieren, dass die Früchte unseres Einsatzes unter Umständen erst späteren Generationen zugutekommen.

Mag sein, dass die Botschaft Jesu vom barmherzigen Gott noch lange braucht, um sich so in die Herzen der Menschen einnisten zu können, dass sie nicht mehr aus- oder abgetrieben werden kann. Aber – und da bin ich mir gewiss – wer immer sein Leben auf diese eine Karte setzt, der oder die wird alles und noch viel mehr gewinnen. Die Liebe Gottes erreicht einen Menschen nur dann nicht mehr, wenn er selbst sie nicht will. Damit können sogar die, die sich auch nur nach ihr sehnen, darauf vertrauen, dass sie bei dieser Liebe ankommen werden. Wie verloren und verkorkst ihr Leben in den Augen der anderen auch sein mag. Die Barmherzigkeit Gottes bewahrt uns nicht vor dem Fall, aber sie fängt uns auf.

In dem Bestseller »Ich bin dann mal weg« hat auch der nicht gerade fromme Hape Kerkeling diese Sehnsucht treffend beschrieben: »Jeder Mensch sucht nach Halt. Dabei liegt der einzige Halt im Loslassen. Dieser Weg ist hart und wundervoll. Er ist eine Herausforderung und eine Einladung. Er macht Dich kaputt und leer. Restlos. Und er baut Dich wieder auf. Gründlich. Er nimmt Dir alle Kraft und gibt sie Dir dreifach zurück. Du musst ihn alleine gehen, sonst gibt er seine Geheimnisse nicht preis.« (S. 343)

So kann nur jemand sprechen oder schreiben, der eine wirkliche Erfahrung gemacht hat. Und es ist eine ganz und gar urchristliche Erfahrung. Es ist die Erfahrung, dass es wirklich stimmt, was Jesus im Evangelium jenen versprochen hat, die sich auf den Pilgerweg des Herzens machen.

## Pilgerweg des Herzens

Dieser Pilgerweg beginnt mit der Frage: Wer bist Du wirklich? Wie bist Du ursprünglich? Was an Dir ist ursprünglich? Wer bist Du hinter der äußeren Fassade? Wer bist Du jenseits Deiner Schutzmechanismen? Es ist schon bemerkenswert, was da hinter dem Komiker und Showmaster an Tiefe steckt. So wie er es beschreibt, war er selbst davon überrascht. Das hätte er sich selbst gar nicht zugetraut. Und die anderen ihm auch nicht.

Es ist eine wiederkehrende Erfahrung, die wir machen, wenn wir uns auf den *Weg* machen und auf ihm bleiben: Mensch, das habe oder hätte ich Dir nicht zugetraut! Gott sei Dank hast Du Dich von nichts beirren und entmutigen lassen! Gott sei Dank bist Du auf Deinem Weg zu diesem Ziel geblieben! Du hast offenbar Qualitäten, die wirklicher sind und ursprünglicher als das, was ich an Dir wahrgenommen habe oder wahrnehmen wollte. Du bist Deinen Weg gegangen, Deinen eigenen Weg.

Das Kreuz, die Last, die dabei offensichtlich zu tragen ist, wird uns auf diesem Weg nicht leichter gemacht. Auch das Notwendige hat sein Gewicht, das getragen werden will. Wer aber weiß, wohin er geht, und vielleicht sogar, warum er dorthin geht oder gehen will, dem wachsen neue, ungeahnte Kräfte zu. Der wird stärker und kräftiger von innen heraus. Damit trägt er auch seine Last leichter. Ganz anders für den, der immer die Erleichterung sucht oder Anstrengungen scheut. Mit jeder Erleichterung wird er schwächer und lascher.

Wer bist Du eigentlich? Wer bist Du – in der Wirklichkeit Deines Herzens? Wie gehst Du Deine Wege? Wie lebst Du Dein Leben? Wie glaubst Du Deinen Glauben? Gibt es sie noch bei Dir, die heitere Gelassenheit des einfachen Gehens, des schlichten Lebens, des nüchternen Glaubens? Wenn nicht, bist Du nicht mehr wirklich auf dem Weg. Dann wird es allerhöchste Zeit zum erneuten Aufbrechen. Die zu tragende Lebens-Last ist dabei kein Grund dagegen, sondern gerade ein Grund dafür. Wer nicht weitergeht, den drückt die Last immer mehr zu Boden. Wer mit ihr und im

Vertrauen auf das Leben weitergeht, den macht sie stärker, ja, dem verleiht sie sogar Flügel, wenn das Ziel in sichtbare Nähe rückt. Am Ende der Kräfte vielleicht, mit blutigen Füßen – und plötzlich ist da etwas, das alles verwandelt.

## Wenn das Leben Dir näher kommt, als Dir lieb ist

Manchmal, meist unvermittelt, zumindest unvorbereitet trifft uns die erschütternde Erkenntnis, dass das eigene Leben mit einem Mal bedeutungslos geworden ist, sei es im Blick auf eine bestimmte Lebenssituation, auf einen geliebten Menschen oder im Blick auf die eigenen Unzulänglichkeiten. Alles, was bisher galt, verliert seinen Sinn. Was uns vorher eine Freude war, wird schal. Die Liebe, die uns belebt und getragen hat, scheint verdunstet zu sein, ebenso der Glaube, die Hoffnung und sogar die Sehnsucht. Nichts ist mehr wie vorher. Leben und lieben, das können nur noch die anderen – und die sind wie hinter einem schalldichten Glas. Unerreichbar für das, was man denkt, unberührbar für das, was man fühlt, unverstehbar in dem, was sie sagen. Es gibt keine Brücke mehr in die Welt, in der man doch eigentlich noch lebt. Ja, lebt man eigentlich noch? Ja, man lebt noch! Man fängt überhaupt erst richtig an zu leben! Mitten in dieser Erschütterung des Herzens schüttelt die Seele den Staub verkrusteter Vorstellungen und verstellender Bilder vom Leben ab. Mitten in dieser Erschütterung rüttelt sich *der* ins Bewusstsein, der das *wirkliche* Leben ist.

## Unfassbar wirklich

Aber das müsste einem gesagt werden – und danach zu fragen, das traut man sich nicht. Zu umwälzend und zu gefährlich erscheint das *Neue*, zu unpassend für die engherzigen Wirklichkeiten der Welt. Die Welt passt nicht mehr – und »Gott« ist man obendrein auch los. Angesichts der unfassbaren Wirklichkeit Gottes wirkt jede Religion wie ausgefranstes Flickwerk. Die Mystiker aller Religionen haben diese Wirklichkeit wohl am nächsten an sich herankommen und in sich hineinkommen lassen. Sie sprechen – übereinstimmend – von diesem »göttlichen Nichts«. Sie meinen damit mehr einen Zustand, der von nichts mehr beschrieben werden kann. Es ist ein anfangs sehr haltloser, bodenloser Zustand. Es gibt kein Oben und kein Unten mehr, kein Rechts und kein Links. Nichts Bisheriges gilt mehr. Es erscheint als zu eng und zu tot. Wer dahineingerät, ist zunächst einmal ungemein einsam, wird nicht mehr verstanden, löst bei den anderen Angst aus, wenn er mit ihnen darüber sprechen will. Wem sollte man das auch anvertrauen? Das kann niemand verstehen – das darf niemand verstehen! Wo es keinen Grund mehr gibt, gibt es auch kein Stehen und Verstehen mehr. Da gilt *nichts* mehr. Da gilt nichts mehr als alles Verstehen.

## Vom Nichts zum alles

Ich hatte das Glück, in einer solchen Situation auf einen Menschen zu treffen, der mich nicht für verrückt erklärte. Er bot mir stattdessen die Möglichkeit, mich erst mal ganz neu zu orientieren. Mehr und mehr verlor sich meine Angst vor diesem Unbekannten, vor diesem *Nichts*, wie ich es zuerst nannte. Doch verwandelte sich dieses *Nichts* in der wortlosen Solidarität immer mehr in ein *alles*. Zumindest aber wurde es ein *Freisein*, besser: ein stetig wachsendes inneres *Freiwerden*. Nach außen ging alles so weiter wie bisher, aber ich hatte viel mehr Luft zwischen mir und dem, was mir begegnete. Und noch etwas hatte ich festgestellt: Es gibt eine ganze Menge Menschen, denen es so ging und geht. Menschen, die aus welchen Gründen auch immer herausgeschleudert wurden aus ihren bisherigen Denk- und Lebensbahnen. Die deshalb auch nichts mehr anfangen können mit bisherigen Antworten – von wem auch immer sie gegeben werden.

## Gefühltes Nichts oder gefülltes Nichts

Die Schwierigkeit dieser inneren Wirklichkeit ist vor allem verbunden mit der Erfahrung der Unzulänglichkeit unserer Sprache, die keine Worte hat für dieses *Neue*, das kein Gefühl ist und kein Bild. Das kein Licht ist und kein Gewicht, kein Raum und keine Zeit. Genau davor aber hat die Welt Angst. Sie fühlt es als ein »Nichts« und bewertet es als schlimm, als krank, als gefährlich und schleudert ihr »Nein, das darf nicht sein!« entgegen.

Das »Nichts« löst alles auf, was für diese Welt gilt, worauf sie baut, wodurch sie herrscht. Es ist die Angst vor dem freien Fall der Seele und des Sinns ins Nichts. Wohl aber dem, der dennoch das wortlose *Ja* wagt zu diesem *Neuen*, das da geschieht in ihm. Der fühlt es nicht länger als ein

Nichts, das keinen Halt gewährt, dem füllt es sich – wortlos und grundlos. Wer es nicht sagen kann, dieses wortlose Ja, den zieht die innere Auflösung all dessen, was bisher galt, unausweichlich in die Tiefe des inneren Abgrunds, den die Welt – und nicht nur sie – so penetrant zu verbergen oder zu leugnen sucht. Das gilt für alles, woran Du Dich festhältst, sei es Besitz oder Macht, sei es Wort oder Sinn, sei es ein Mensch oder Gott. Nichts wird Dich halten, wenn Du Dich daran festhältst.

## Christlicher Glaube ist immer grundlos und unfassbar

Es mag erschrecken, aber es ist die Wirklichkeit des Glaubens, zumindest des christlichen Glaubens. Der war von Anfang an immer grundlos. Vom »Mir geschehe« der Maria bei der Verkündigung durch den Engel bis zum »Dein Wille geschehe!« Jesu am Ölberg und auf Golgotha. Da gibt es auch nichts zu erklären oder zu verstehen. Da gibt es nichts zu halten oder zu behalten. Da gilt nur noch das Lassen. Da gilt nur noch das wortlose Ja – und dieses Ja befreit das Leben. Es befreit zum Fragen, es befreit von Antworten. Dieses Ja befreit Gott zum Wirken und das Herz zum Lieben. Wenn es dem Herzen gelingt, im Vertrauen auf den liebenden Gott die Hände zu öffnen vor dem Ungeheuerlichen des grundlosen Glaubens, ist der »Fall« gelöst, weil alles sich lösen darf. Darin liegt das Geheimnis der christlichen Erlösung. Worte sind dann nicht mehr nötig. Staunendes Erahnen einer neuen Freiheit und unbegrenzten Geborgenheit erfüllt das Herz, das nun nichts mehr braucht und doch mehr als alles hat.

## Die unheile Welt und der Alltag als Glaubensprobe

Neues, Ungeahntes ist möglich. Ist wirklich möglich! Und das mitten im Raum des Gewöhnlichen und Gewohnten. Man muss es nur für möglich halten. Das gilt auch für den Traum von einer heilen Welt.

Dass er noch nie zur vollen Wirklichkeit wurde, zeigt uns der Verlauf der Menschheitsgeschichte. Krieg gehört praktisch zum Normalzustand. Ob es in den letzten drei Jahrtausenden überhaupt Jahre ohne Kriege oder kriegerische Handlungen auf der Erde gegeben hat, ist zu bezweifeln. Irgendwo auf der Welt hat man sich immer die Köpfe blutig geschlagen, ist man raubend und brennend durch die Lande gezogen und hat sich dann bei der Rückkehr für solche Unternehmungen zu Hause auch noch feiern lassen. »Ein Toter ist eine menschliche Tragödie – Tausend Tote sind eine statistische Tatsache«, so wurde der nicht unbedingt als Menschenfreund bekannte sowjetische Diktator Josef Stalin von seinen Zeitgenossen zitiert. Der Blick in die Geschichte der Menschheit scheint ihm recht zu geben. Geschichtlich überliefert sind in erster Linie die Daten und Zahlen von Kriegen und Auseinandersetzungen. Darüber lässt sich berichten. Das Leid, der Kummer, die Verzweiflung und die Tränen, die damit verbunden waren und sind, machen dagegen sprachlos – zumal dann, wenn die Toten Opfer sinn- und respektloser (Kriegs-)Politik oder machtverliebter Gewaltherrschaft sind. Wenn wir auf diese äußere Wirklichkeit unserer Welt und ihrer Blutgeschichte der vergangenen zweitausend Jahre schauen, sieht der Lebenseinsatz der christlichen Märtyrer wirklich nicht nach Erfolg aus.

Und wie verhält es sich denn mit den anderen Bereichen unseres alltäglichen Lebens? Immer wieder stellen wir uns die Frage, ob sich unser Einsatz und unsere Mühen auch tatsächlich »lohnen«. Dies gilt auch schon für den Alltag unserer Kinder. Je mehr wir uns für eine Sache engagieren, desto größer ist die Wahrscheinlichkeit, dass wir dabei entmutigende Enttäuschungen erleiden. Wir kennen diese Gefühle bestimmt alle, oder? Da strengt man sich an und müht sich ab – und was ist der Dank? Was ist das Ergebnis? Wieder ein Griff ins ... Leere. Warum also sollte ich mich noch weiter anstrengen? »Was bringt mir das?« – Wohl die meisten von uns wissen, wie sich diese Frage anfühlt. Damit wissen wir auch um die Antwort, die bei dieser Frage uns meist schon vorher klar ist: »Nichts, gar nichts bringt es mir!« Die Frage stellt sich vor allem dann, wenn wir irgendetwas tun sollen, das uns nicht schmeckt, oder wenn wir uns für jemand anders einsetzen sollen als für uns selbst. Die anderen denken ja auch in erster Linie nur an sich, also tu ich das auch. Warum soll immer nur ich die A-Karte ziehen? Die Angst, den Kürzeren zu ziehen, im Vergleich mit anderen nicht genügend zu bekommen, ist uns vertraut, Jüngeren wie Älteren gleichermaßen. Ob das zu Hause ist mit den Geschwistern oder in der Schule oder am Arbeitsplatz oder auch in der Partnerschaft und in der Familie – immer wieder taucht die Frage auf: »Und ich?« Oder: »Warum ich? – Und nicht der?«

Immer wieder werde ich im Alltag vor die Frage gestellt, welchem Wort ich in meinem Leben und durch mein Leben Geltung gebe. Wem diene ich durch mein Verhalten? Und was bewirkt es für jene, die davon betroffen sind? Da lohnt sich zunächst einmal ein Blick auf die Gesetzmäßigkeiten unserer heutigen Gesellschaft, denen wir unseren täglichen Tribut abliefern. Immer dranbleiben, heißt da die Devise. Effektiv muss man sein. Kreativ und verfügbar. Möglichst immer, möglichst überall. Wie es Dir im Innern geht? – Nebensächlich. Nur keine Schwäche zeigen. Mithalten. Koste es, was es wolle – und wenn es der eigene Schlaf ist, die eigene Gesundheit, die eigene Seele.

Wie viel an persönlicher Freiheit bleibt mir in diesem gesellschaftlichen Hamsterrad noch übrig? Ist das eine unbequeme Frage? Wohl jenen, die sie mit einem gelassenen Lächeln beantworten können. Ich kann das nicht immer. Immer wieder neu finde ich mich in einem anderen Hamsterrad von inneren oder äußeren Wichtigkeiten – und das ersehnte Leben spielt sich woanders ab.

Umso dankbarer bin ich für Worte und Begegnungen, die mich da herausholen. Wie die Frage: »Kann das, was ich gerade tue, der Wille Gottes sein? Der Wille jenes Gottes, der sich um mein Leben und meine unversehrte Lebendigkeit und noch mehr um meine aufrichtige und aufrichtende Freiheit sorgt?« Sobald ich diese Frage stelle, verblasst die Macht der modernen Götzen in mir. Die Hektik und die Hetze werden als das entlarvt, was das alte Wort »Hetze« ursprünglich bedeutete, als Hass, der lebensuntauglich macht. Der Druck, etwas Bestimmtes unbedingt und nach Möglichkeit sofort erreicht haben zu müssen, löst sich auf. Ich spüre wieder festen Grund unter den Füßen. Kein durchdrehendes Hamsterrad, durch das andere meine Energie für ihre Zwecke ausbeuten können, sondern den Fels des Glaubens an einen Gott, der mich liebt. Das gibt mir dann oft ungeahnte neue Kraft. Spätestens dann ist mir wieder klar, dass die Gebote des liebenden Gottes immer auch seine An-Gebote sind, mein Leben und das, was es mir an Stürmen und Unwettern und Wolkenbrüchen beschert, meistern zu können. Welchem Wort geben Sie in Ihrem Leben und durch Ihr Leben Geltung, Gewicht und Kraft?

## Alles, was Du aus Liebe tust, macht Dich selbst hell

Von hierher bekommt der christliche Glaube seine letztlich unwiderstehliche Kraft. Alles, was Du aus Liebe tust, leuchtet Dir voraus bis in die Ewigkeit. Alles, was Du aus Liebe tust, macht Dich selbst hell. Du erkennst es an Deinem eigenen Blick, wie viel an Liebe in Dir leben darf – zumindest erkennen es die anderen. Viele der christlichen Heiligen müssen Menschen gewesen sein mit leuchtenden Augen, Menschen, in deren Nähe anderen ein Licht aufging und das Herz heil wurde. Leider machen wir uns das viel zu wenig bewusst. Schärfen wir unseren Blick für die leuchtenden Augen, die uns tagtäglich anschauen, und seien wir dankbar dafür. Es ist wirklich angebracht, dass wir danken für das Licht, das uns Tag für Tag weitergegeben wird. Dies ebenfalls zu tun gehört zu den sinnvollsten »Komm-heraus-Forderungen« unseres Lebens. Ja, kommt mit Eurem Lachen und Staunen und Strahlen. Mit Euren stillen Gesten und Zeichen der Ermutigung. Bewahrt es Euch! Bitte! Und je dunkler es wird, desto wichtiger ist es! Gerade dann ist es wichtig, dass Ihr einfach da seid. Gerade dann tut es gut, Euch zu sehen. Gerade dann tröstet schon Euer gütiges Lächeln. Gerade dann ist Eure Nähe wohltuend. Gerade dann wird uns bewusst, wie viel ärmer wir ohne Euch wären. Gerade dann wird deutlich, dass Ihr ein Geschenk des Himmels seid.

Es gibt viel mehr solche Menschen, als wir meinen. Vielleicht gehören wir ja selbst auch schon dazu – zumindest immer wieder einmal, vielleicht auch schon viel häufiger, als wir es glauben.

## Die Macht der stillen Zärtlichkeit –
## Jeder Aufbruch beginnt mit einem Riss

Jedes Jahr im Frühjahr bekommen wir von der Natur Nachhilfeunterricht in Sachen »Lebens-Angebot und Lebendigkeit«. Nach der – notwendigen – Winterpause regt sich das neue Leben auf unscheinbare, aber eigentlich faszinierende Weise. Überall in der Natur drängt es ans wärmer werdende Licht. Es ist eine stille Kraft, die sich nach neuem Leben sehnt und in die Sonne drängt. Es ist fast paradox, meist ist es sogar die Kraft des Zärtlichen, die letztlich das Aufbrechen einer Pflanze bewirkt – und das trotz aller Gefährdung.

Damit ist es ein gutes Beispiel für unser menschliches Leben. Auch wir brauchen – wie die Natur – Zeiten, in denen wir uns auf unsere Wurzeln zurückziehen. Viele von uns kennen auch den »Winter der Gefühle«, wenn innen drin alles vereist und erfroren scheint. Die Natur sagt uns (zumindest in unserer Klimazone), dass dies durchaus auch zum Leben mit dazugehört.

Sie sagt uns aber auch: Das ist kein Bleibezustand. Nach dem Winter folgt der Frühling. Weh dem Herzen, das dann in den Gefrierschrank gelegt wird, nur damit es nicht taut und der vereiste Schmerz wieder spürbar wird. Wer – trotz aller Winterzeiten der Seele – lebendig bleiben will, darf den Frühlingsaufbruch in sich nicht verhindern. Auch wenn dazu die Schutzhüllen aufplatzen (müssen). Dabei ist jeder Aufbruch auch ein Wagnis. Jeder Aufbruch ist auch gefährlich. Jeder Aufbruch ist gleichzeitig ein Riss, ist ein Ursprung in einem bislang schützenden und bergenden Raum. Aber gerade dadurch kann sich die Kraft unserer Zärtlichkeit entfalten – ins Leben hinein. Und das wird sich lohnen.

Und es lohnt sich auch trotz der jahreszeitlich bedingten weiter bestehenden Frostgefahr. Trotz dieser Gefahr sind in der Natur die ersten Blumen da. Die ersten Bäume und Sträucher blühen. Der Winter ist vorbei. Auch das menschliche Herz geht wieder auf beim Blick auf die frischen Farben in der Natur. Selbst wenn dann über Nacht plötzlich der Frost noch einmal zurückkommt und das zarte Leben am unerwarteten Eis stirbt. Braun fallen die Blüten zur Erde, schlaff hängen die Blätter an den Zweigen. Das Herz erstarrt. War's das? Ist so das Leben?

Nicht anders ging es den Jüngern Jesu an Palmsonntag und danach. Das lange herbeiersehnte Ziel fällt ihnen fast in den Schoß. Das Tor der Hauptstadt Jerusalem ist weit offen für sie. Die Menschen bereiten ihrem Meister einen begeisterten Empfang. Es ist fast zu schön, um wahr zu sein. Die Angst schmilzt weg im Bad unter jubelnden Händen. Doch dann – genauso unerwartet – bricht alles ein und der Boden bricht weg. Enttäuschung, Verrat, Verleumdung, Verwirrung. Das Herz erstarrt. War's das? Ist so das Leben?

Wie oft geht's uns selbst so? Das Leben geht meist nicht sehr einfühlsam um mit jungem Glück. So scheint es zumindest. Manche vergraben sich dann ganz. Sie trauen der Sonne und dem Frühling nicht mehr. Sie werden das, was sie fürchten: eine Mauer aus Eis.

In den Blumen und den Bäumen geht das Leben weiter. Neue kräftigere Triebe lösen die erfrorenen ab. Auch bei den Jüngern geht es weiter. Das Leben schiebt den Tod beiseite. Was an Palmsonntag schon erreicht und am Karfreitag wieder in Scherben schien, leuchtet auf an Ostern. Neu und froh, doch ohne lauten Jubel – fast so wie das Leben – wenn es wieder weitergeht.

## Energieverschwendungsgesetze

Statt Kräfte und Energien der Erde auf sinnvolle, lebensfördernde und dankbare Weise zu nutzen, haben die Menschen seit Jahrtausenden in erster Linie die Ausbeutung oder gar nackte Zerstörung dieser Kräfte und Energien betrieben. Bei einem genauen Blick auf diese menschliche »Verwüstungsleistung« an der Erde fällt auf, dass es da Parallelen gibt zwischen dem Raubbau an der Natur und der Ausbeutung von Menschen. Wir zerstören die Natur, so wie wir auch unsere Körper zerstören.

Wohinein aber geben wir unsere (seelische) Energie? In was investieren wir unsere wertvolle Kraft? Was kostet uns die meiste Energie? In welchen Situationen geben wir Energieabsaugern freien Zugang zu uns? Oft ist es der Mangel an Abgrenzung. Manchmal ist es aber auch ein Zuviel an Abschottung. Wer aus blindem Vertrauen heraus in der Welt handelt, handelt sich sehr schnell tiefe Enttäuschungen ein. Wer mit einem dauernden Misstrauen in der Welt herumläuft, heizt bei offenen Fenstern und Türen. Noch energiefressender sind ungeklärte Gefühle wie Ärger, Wut und Hass. Ebenso negativ schlagen gelebte Lügen im seelischen Energiehaushalt zu Buche. Das gilt auch für die kleinen Notlügen. Nicht selten verwickeln sie uns in ein ganzes Geflecht von Aussagen, die uns ein unbefangenes und ehrliches Miteinander mit unseren Weggefährten unmöglich machen, weil wir dauernd fürchten müssen, dass die Wahrheit doch ans Licht kommt.

Eine weitere, auf den ersten Blick harmlose Energieverschwendung hat sich in unsere Freizeitpraxis eingeschlichen. Um den Anforderungen von Schule und Arbeitsplatz während der Woche Genüge leisten zu können, brauchen wir vor allem an den Wochenenden, nach Feierabend oder im lang ersehnten Urlaub unsere Dosis an Zerstreuung – meist vor dem Fernsehen oder in Sportereignissen. Das hat sich bei uns eingebürgert, doch Zerstreuung regeneriert keine Kräfte oder Energie. Zerstreuung macht lediglich einen untragbaren Zustand gefühlsmäßig erträglicher. Das Tempo aber, das unserer Seele zu schaffen macht, wird dabei nicht wirklich runtergefahren. Alles muss immer schneller erreichbar sein und zur Verfügung stehen. Dieses »immer schneller« und »möglichst viel« ist ein tödlicher Fluch unserer modernen Gesellschaften.

Es ist fast eine Gesetzmäßigkeit, mit der wir uns auf eine »Unweltkatastrophe« hinbewegen. Je mehr wir uns das Leben erleichtern, desto größer wird das Übergewicht. Je müheloser wir unseren Alltag gestalten, desto sinnloser wird das Leben. Je weniger innere Energie wir (in uns) spüren, desto größer wird der Verbrauch der äußeren Energie. Äußere Energie führt zu Wohlstand und Bequemlichkeit. Die Folgen der Nutzung der äußeren Energie sind meist sowohl Entspannung als auch Langeweile sowie eine drastische Abnahme der Lebenstauglichkeit. Die Welt verwandelt sich für mehr oder weniger kurze Zeiten in ein Museum oder Urlaubsziel und wir schwelgen dahin im Bestaunen von Kulturgütern und Naturschönheiten. Innere Energie dagegen führt zu Selbststand und Beweglichkeit. Sie erzeugt körperliche und geistige (und auch geistliche) Spannkraft, führt zu Aufmerksamkeit, weckt inspirierte und inspirierende Lebensfreude. Die Welt wird zu einem Ort von kraftvoller Zeugung und glaubwürdigem Zeugnis. Nur mit innerer Energie ist der Mensch in der Lage, neue und wirkliche Kultur zu schaffen.

## Über den Wohlstand hinaus

Warum ruft Gott Abraham heraus aus einer Situation des Wohlstands? Nüchtern gesehen, ist es doch nur sehr schwer nachvollziehbar, ein Land zu verlassen, das alles zu bieten hat, was es zu einem zufriedenen Leben braucht. Dieses

Land hatte den fruchtbarsten Boden weit und breit. Das war bekannt. Warum also zog Abraham los? Warum ging er weg aus dem Gewohnten? Warum war er nicht damit zufrieden, dass er zufrieden sein konnte? Was hat es auf sich mit dem Land, das Gott ihm zeigen will? Wer den Weg dieses alten gläubigen Mannes in der Bibel weiterverfolgt, stellt fest, dass dieses Land eigentlich gar kein wirkliches Land war. Es war ein Weg. Und weil es ein unbekannter Weg war, musste Abraham immer wieder neu Grenzen überschreiten – vor allem die Grenzen seiner Angst und seiner Schmerzen. Darauf ließ er sich ein. Auf dieses Abenteuer des Glaubens: Mensch, ich bin bei Dir! Aus diesem Vertrauen geh! Aus dieser Gewissheit handle! Für alles Weitere sorge ich, Dein Gott. Und weil Abraham sich darauf einließ, konnte Gott durch ihn eine Spur des Segens in diese Welt setzen. Um genau dieses Glaubensabenteuer ging es auch bei den Jüngern und Aposteln. Auch sie wurden herausgerufen aus dem, was ihnen vertraut und bekannt war. Sie wurden es von einem Mann, der das durch und durch Mensch gewordene Abenteuer des Glaubens war. Des Glaubens Gottes an den Menschen, dass er *ihm* vertraut, *ihm* und seiner Zusage, die gilt mitten hinein in alle Unsicherheit und Zweifel und gerade da.

## Der Mensch ist zu mehr berufen als zur Zufriedenheit

Eigentlich ist das Vertrauen auf diesen Gott höchst gefährlich, vor allem für jene, die in festen Sicherheits-Kategorien denken. An Abraham und den Aposteln wird uns deutlich gemacht: Der Mensch ist zu mehr berufen als zur Zufriedenheit. Das Land, das uns verheißen ist, ist ein Weg, der uns ins Licht des *Segens* führt. In der christlichen Kunst wird dieses Licht des *Segens* gerne dadurch sichtbar gemacht, dass Wundmale Christi nicht rot, sondern golden dargestellt sind. Aus den Wundmalen des auferstandenen Christus fließt kein Blut, sondern Licht. Der durch den Tod Hindurchgegangene besteht aus lauter Licht. Auch Jesus ging den Weg über die Grenzen seiner Angst und Schmerzen hinaus – hinein ins *Licht des Segens*, das bis heute fließt, in jedes Herz, das IHM glaubt und seiner Zusage: Mensch, ich bin bei Dir! Aus diesem Vertrauen geh! Aus dieser Gewissheit handle! Für alles Weitere sorge ich, Dein Gott. Wo wir diese Herausforderung annehmen, sind wir Salz für die Welt. Eine Welt, die dem Irrtum verfallen ist, dass nur das Leichte und Bequeme gut und erstrebenswert seien.

Aber nicht alles, was schwer ist, ist auch eine Last oder eine Belastung. Wenn es ein Ziel gibt, für das man sich eine Last aufbürden lässt, kann das Tragen dieser Last dem Träger oder der Trägerin eine tiefe Würde verleihen, eine Würde, die Menschen eigen ist, die mehr sehen als nur sich selbst, ihren eigenen Vorteil oder ihre eigene Bequemlichkeit. Für ein gutes Ziel lohnt sich jeder dafür vergossene Tropfen Schweiß. Mit einem erstrebenswerten und klaren Ziel vor Augen verwandelt sich die Aufnahme und Annahme einer Last oder Belastung in eine Quelle wachsender Kraft und stetiger Stärkung – nicht nur für die aktuelle Aufgabe, sondern für das ganze Leben. Und das ist dann auch eine verlässliche Quelle für das Glück.

Nicht alles, was uns die einfachen Handgriffe des Alltags erleichtert, ist eine hilfreiche Idee. Manche Erfindung ist nur genial im Zusammenspiel mit ihrer pfiffigen Vermarktung. Eigentlich aber ist es ein Schnickschnack, der uns nur unbeweglicher oder fauler werden lässt. So sinnvoll manche Erfindungen, die das Leben erleichtern, auch sein mögen, ihr Sinn findet dort seine Grenze, wo sich in ihrem Schatten der Verlust an Lebenstauglichkeit breitmacht.

Unter diesem Blick müssten wir wohl viele der uns lieb und teuer gewordenen Wohlstandserfindungen als »lebendigkeitsgefährdend« in die Ecke stellen. Sie machen das Leben nicht nur leichter, sondern auch seichter.

## Wo die wahren Schätze liegen

Zu solchen »Wohlstandserfindungen« gehören auch die Lotteriespiele und die wie Pilze aus dem Boden geschossenen Spieltempel. Für mich sind es fragwürdige Einrichtungen, selbst dann, wenn von ihrem Gewinn ein großer Teil bedürftigen Menschen zugutekommt. Sie fördern und stärken in den Menschen die Illusion von der Möglichkeit des schnellen Reichtums.

Von daher erfreuen sich die Lotteriespiele, seit es sie gibt, großer Beliebtheit. Wer möchte nicht auch mal ein großer Gewinner sein. Wer hat noch nicht davon geträumt, einmal zu jenen zu gehören, die den Jackpot knacken – um dann vielleicht für den Rest des Lebens finanziell ausgesorgt zu haben. Wer hat noch nicht davon geträumt, auch mal leben zu können wie jene, die in ihrem grenzenlosen Luxus über alle Schwierigkeiten hinwegzuschwimmen scheinen. Die gab und gibt es ja zu allen Zeiten: Menschen, die immer obenauf schwimmen – doch bedeutet das andererseits nur, dass sie nie richtig an Tiefe gewonnen haben. Immer oben auf schwimmt so manches, was das Leben vergiftet. Immer obenauf schwimmen auch Fische – wenn sie tot sind ...

Wirkliche Lebendigkeit dagegen hat immer auch Tiefgang, weil Leben mehr umfasst als nur Spaß und Erfolg und Höhenflüge. Lebendigkeit bedeutet immer auch: Kontakt mit dem Schmerz, weil der Schmerz als Sprache des Leibes zum Leben gehört. Lebendigkeit bedeutet immer auch: Wissen um eigene Grenzen und Schuld, weil irdisches Leben immer ein Ende hat und immer auch auf Kosten von anderem Leben geschieht. Will man wirklich lebendig werden, kann man nicht an der eigenen Tiefe vorbei. Dort aber liegen Schätze, die jeden noch so vollen Jackpot in den Schatten stellen: die der ureigenen Menschlichkeit. Wer den Zugang zu dieser seiner »inneren Goldgrube« gefunden hat, braucht auch keinen grenzenlosen Luxus mehr, um sich gut oder lebendig zu fühlen. Ein solcher Mensch braucht seinen gefundenen Schatz auch nicht zu versichern oder zu verzinsen, sondern nur ans Licht zu heben – und gewonnen hat dann nicht nur er, sondern alle.

## Das Debakel in der Wirtschaft

Das Gegenteil von wahrem, auch in die Tiefe gehenden Reichtum wurde uns im weltweiten Bankendebakel präsentiert. Die von ihm ausgelöste Weltwirtschaftskrise hat uns unsanft mit einer unbequemen und dadurch lange verdrängten Wahrheit in Berührung gebracht, der Wahrheit, dass wir eben nicht so weitermachen können wie bisher – dass wir wieder an Tiefe gewinnen müssen.

Wie schwer sich aber viele der Fehlentscheidungsträger damit tun, dies auch für ihren eigenen Lebensstil zu akzeptieren, macht deutlich, wie tief die Krise in unserer Gesellschaft eigentlich angesiedelt ist. Fehlentscheidungsträger sind dabei aber nicht nur im (oft welt- und wertab-)gehobenen Managementbereich großer Banken und Konzerne zu finden, sondern bis hinunter in die Ebene des kleinen Mannes und der kleinen Frau. Im Grunde trifft dieses Wort zurzeit jeden irgendwo im eigenen Verhalten. Wir treffen immer wieder Fehlentscheidungen. Nicht immer mit irreparablen Folgen, aber doch mit Folgen, die wir uns so nicht selbst aussuchen würden.

Was die Situation so kompliziert macht, ist die Unübersichtlichkeit, die durch die neuen technischen und wirtschaftlichen Möglichkeiten der immer schneller werdenden Globalisierung bis in die eigene kleine Welt der Familie oder Partnerschaft hineingetragen wird. Wenn wir in dem ganzen Prozess nicht völlig abhängen wollen, müssen wir uns an immer schnellere Kommunikation und Arbeitsvorgänge gewöhnen. Für Ruhe und Besonnenheit ist in diesem System kein Raum mehr. Es wird immer schwieriger, einen natürlichen menschlichen Umgang mit den Arbeitskollegen, den Freundinnen, den Partnern oder Familienangehörigen zu pflegen. Tausend Dinge müssen mitbedacht werden.

## Es braucht eine Entgiftung

Es braucht heute nicht mehr nur Umkehr – es braucht eine Entgiftung von den schleichenden Giften, die uns über Jahrzehnte hin eingeträufelt wurden und die uns nun als etwas ganz Normales vorkommen. Der Aufenthalt in der Hildegard- und Naturheilklinik im fränkischen Gelchsheim hat es mir körperlich real vor Augen geführt, wie hoch der Grad der Vergiftung und Vermüllung in mir selber schon ist. Aufgesucht habe ich die Klinik wegen einer unangenehmen Allergie. Erfahren habe ich mich dort dann als eine wandelnde Sondermülldeponie.

Ich sitze in einem kleinen Badezimmer. Meine sauberen Füße stehen in einer weißen Wanne mit angenehmem warmen, klaren Wasser und ein wenig Salz. Ich bekomme ein Elektrolysebad. Mit offenem Mund und weiten Augen beobachte ich das Geschehen in der Fußwanne. Gelblich bräunliche Schlieren trüben mehr und mehr die Klarheit. Es wird immer dichter. Die Farbe des Wassers kippt ins Braun und dann ins Schwarz – abgesehen von gelb-grünlichen Schlieren an der Oberfläche. Das können doch nicht meine Füße sein, von denen das alles herkommt! Ich begutachte den kleinen Elektrolyse-Einsatz im Wasser, der aussieht wie ein Filter, und ich vermute, dass da bestimmt irgendein Granulat drin ist, das sich auflöst und ins Wasser abgegeben wird und sich eben mit der Zeit verfärbt. Aber dem ist nicht so. Es sind meine Füße – *meine* Füße! Mir wird ganz anders. Ich komme mir vor wie eine leck gelaufene Giftmülldeponie.

Nicht weniger weiten sich meine Augen beim Anblick der rot-weiß-gelblichen Flüssigkeiten, die sich durch das Blutschröpfen in den Schröpfgläsern ansammeln. »Sie haben Glück gehabt, lange wäre das wohl nicht mehr gut gegangen und Ihr Herz hätte gestreikt!« Als ich sah, was da aus meiner leicht angerissenen Haut alles rauskam, wurde mir richtig übel. Mit einem Mal war mir klar, dass die Abladeplätze in meinem Körper offenbar voll waren. Randvoll. Hinterher fühlte ich mich federleicht und konnte wieder mal so richtig ohne Seitenstechen oder Herzdrücken durchatmen.

Ich kannte zwar schon seit etlichen Jahren verschiedene Körpersymptome und das Gefühl, dass irgendetwas in meinem Blut nicht in Ordnung sein könnte, aber das hab ich mir – wohl zu schnell – ausreden lassen durch Kommentare wie: »So einen gesunden Menschen hab ich bislang selten untersucht!« »Dann wird es halt was Psychisches sein«, dachte ich mir damals – aber davon ging die Beklemmung auch nicht weg.

Im Gegenteil, sie kam immer wieder zurück. Mit meinen teilweise recht heftigen Allergien hatte ich mich schon lange abgefunden, war damit zufrieden, dass ich noch nicht mehr als eine Tablette nehmen musste. Nun aber fing der Reiz schon mehr als einen Monat früher an. Da läuteten die Alarmglocken in mir. Jetzt musst Du aber etwas unternehmen, sonst wird die Liste mit den Allergien noch länger.

Nach der Woche in der Klinik und etlichen anderen naturheilkundlichen Behandlungen – ich bekam kein einziges chemisches Medikament – spürte ich ein lebendiges

Kribbeln im ganzen Körper, der Geist war frisch und die Gedanken klar. Der Schlaf war erholsamer und ruhiger und ich empfand eine viel größere Lebensfreude. Die erstmals als atmend wahrgenommene Haut erzeugte ein unbeschreibliches Glücksgefühl und bewirkte den Entschluss, den eingeleiteten Prozess der Körperentgiftung auch zu Hause weiter zu pflegen.

Ich hätte es nicht für möglich gehalten, was sich alles unter der Haut im Körper des Menschen verbirgt, wie viel Gift und Abfall sich da im Laufe eines Lebens in unserem Leib ansammelt, ohne dass das ganze »System Körper« zusammenbricht. Irgendwann aber ist jede Deponie voll.

Das gilt nicht nur für den Körper, das gilt auch für die Seele, denn auch ihre Aufnahmekapazität für geistigen (manchmal auch geistlichen) Müll ist begrenzt. Auch die Seele bedarf oft nicht nur der Entsorgung, sondern der Entgiftung.

## Was hebt die Welt aus ihren Angeln?

Wie aber können wir den schädlichen und vergiftenden Einflüssen in unserem Leben begegnen? Benedikt von Nursia sagt: »Nichts der Liebe zu Christus vorziehen.« Das heißt: Es gibt nichts Wichtigeres für ihn, als diesen Christus kennenzulernen, als sich sein Wort und Wesen ganz zu eigen zu machen. Es gibt sicher Leichteres und Angenehmeres als das, aber nichts Wichtigeres. Nichts der Liebe zu Christus vorziehen, das heißt vor allem: Ich weiß um den Kern meines Lebens und um den Kern meines Wesens – und der ist dieser Christus in mir. Jener Christus, der mich an meine unzerstörbare Würde erinnert. Jener Christus, dem nichts und niemand mehr etwas anhaben kann und schon gar nicht zerstören, führt mich dorthin, wo ich geschützt bin vor zerstörenden Zweifeln und vergiftenden Urteilen, er führt mich in den wahren Kern meiner Person: Ich bin geliebt und ich kann lieben und ich darf lieben und ich will auch lieben.

Von diesem Kern her entfaltet sich meine Persönlichkeit. Dieser Kern ist der Angelpunkt, von dem aus ich die Welt um mich aus ihren Angeln heben kann. Und was hebt die Welt aus ihren Angeln? Wenn einer anfängt, anders zu handeln. Wenn einer anfängt, erst einmal durchzuatmen, und sich dem Sog der Ereignisse entzieht. Der Weg Jesu wie auch die Spur Benedikts haben etwas von einer Entziehungskur an sich. Wobei die zunächst bittere Medizin lautet: »Was mir geschieht, ist das Beste für mich. Was immer es auch sei.« Wirken tut sie erst durch die Kraft der Bejahung. Was ich bejahe, gibt mir Kraft. Was ich ablehne, raubt sie mir. Am Anfang stülpt es innerlich alles um. Am Ende aber steht ein freier, aufrechter Mensch. Und ein solcher hat es gar nicht mehr nötig, im Zorn zu handeln. Er kommt gar nicht mehr auf die Idee, auf Rache zu sinnen, weil das Handlungsniveau des Bösen nicht mehr seines ist. Ein solch freier Mensch kann auch vermeiden, Unrecht zu tun, aber auch erlittenes Unrecht in Geduld ertragen. Er lässt sich keinen Fluch diktieren, sondern antwortet mit einem Segen. Damit entzieht er der Falschheit in seinem Herzen den tragenden Grund. Der Grund seines Handelns ist die Wahrhaftigkeit, die den Frieden liebt und die Wahrheit, weil sie von der Liebe nicht lassen kann. Einer Liebe, die allen gilt, sogar den Feinden. Eine solche Liebe fällt nicht länger rein auf die Sprüche der Weltgewandten – ihr fällt immer noch etwas anderes ein und damit fällt sie auf und richtet auf und leuchtet auf! Von innen her, vom Herzen, vom Kern.

Wer von dorther lebt, muss die Welt nicht hassen, weil sie so ist, wie sie ist. Wer von dorther liebt, kann die Welt lassen, auch wenn sie so bleibt, wie sie ist. Um solche Menschen herum aber kann und wird die Welt gar nicht mehr bleiben, wie sie ist. Vielleicht gelingt es ja auch uns, mit solch liebevoller Distanz unserer je eigenen kleinen oder großen Welt zu begegnen, sie zu bejahen und dadurch Kraft zu bekommen, das Leben aufrecht zu bestehen.

## Lass Dich nicht treiben

Worauf Du acht geben musst, sind die inneren und äußeren Antreiber, die Dir andauernd aufzeigen, dass Du zu langsam bist bei dem, was Du tust. Dass Du nicht mehr auf der Höhe der Zeit bist und in Gefahr, von der Entwicklung und dem Fortschritt, ja vom Leben abgehängt zu werden.

Auch hier gibt es eine schlichte und nüchterne Verhaltensvorgabe durch Benedikt von Nursia: »Sich vom Treiben der Welt fernhalten«, schreibt er fast lapidar. Das bedeutet zunächst einmal, sich nicht treiben zu lassen und auch nicht vertreiben zu lassen, sondern da zu sein – einfach da zu sein und dazubleiben –, wie groß die Hatz und Hetze der Welt auch sein mag. Sich vom Treiben der Welt fernhalten heißt dann auch, einen eigenen Platz der Welt ge-

genüber zu haben, nicht völlig und ganz in ihr aufzugehen und vor allem sich nicht in ihr aufzugeben. Nur wer an *einem*, nur wer an *seinem eigenen* Platz steht, ist frei zu handeln. Wer keinen eigenen Platz in der Welt hat, kann auch nicht handeln. Der hat auch keinen eigenen Raum zum Leben in seinem Herzen und wer keinen Raum in seinem Herzen hat, bleibt zum bloßen Reagieren verdammt. Er ist wie Wasser, das man überall hingießt, oder wie Suppe ohne eigenen Geschmack.

## Eine Kraft, die Herzen verzaubert und Menschen verwandelt

Wo immer Menschen aus ihrem Glauben heraus dem Treiben der Welt und dem Getriebenwerden widerstanden haben, ging auch von ihnen eine besondere Kraft aus. Dies war vor allem bei unzähligen Heiligen spürbar. Sie hatten es gewagt, über ihr eigenes Wissen hinaus nach Weisheit zu suchen, nach tiefer Einsicht in die Zusammenhänge und Hintergründe des Lebens. Auch sie haben es gewagt, daran zu glauben und darauf zu vertrauen, dass Gott gerade auch in ihrer Ohnmacht und durch ihre Ohnmacht hindurch wirken will und wirken kann. Je länger sie auf diesem Weg blieben, desto mehr ging ihnen auch das Geheimnis von der Macht der Demut auf. Je älter sie auf diesem Weg wurden, desto freier und gelassener wurden und wirkten sie. Man spürte es ihnen an, dass ihr Leben sich nicht mehr nur um die alltäglichen Dinge und Sorgen drehte, sondern dass es da um unendlich viel mehr ging. Und so ging oft auch von ihnen eine Kraft aus, die Herzen verzaubern und

Menschen verwandeln konnte. Eine Kraft, die heilte und aufrichtete, wo immer sie zum Zuge kam.

## Eine Kraft, die Sehnsucht zu Hoffnung klärt

Es ist jene urchristliche Kraft, die Sehnsucht zu Hoffnung klärt und Hoffnung zu Zukunft und Zukunft zu Wirklichkeit. Sowohl die Apostel als auch unzählige Heiligen lebten in Zeiten, in denen das Gewohnte am Zusammenbrechen war – eigentlich ist es immer am Zusammenbrechen, nur wir merken das nicht. Die Apostel und die Heiligen begegneten dem äußeren Zusammenbruch durch den inneren Aufbruch. Während die Zeitgenossen vielleicht noch den Untergang ihrer früheren Macht und ihres vorherigen Wohlstands beklagten, ließen sie all das aus freien Stücken los und wandten sich der unbegrenzbaren Zukunft zu, für die ihnen der Glaube an die alles umwälzende Botschaft Jesu den Blick öffnete.

Sie wussten dabei vor allem, dass erworbenes Wissen allein noch keine lebenswerte Zukunft bringt. Nur im Verbund mit Weisheit kann Wissen Segen bewirken. Für sich allein wird Wissen entweder zum Fluch oder bleibt kraft- und saftlos. Das Wissen um neue moderne Kampftechniken nutzte den jüdischen Patrioten nichts, als sie den Aufstand gegen Rom in Szene setzten. Am Ende war ihr Land zu Asche verbrannt. Ihr Volk in alle Winde zerstreut. Das ungeheure technische und organisatorische Wissen nutzte den Römern nichts, als es darum ging, den inneren moralischen Verfall ihrer Gesellschaft aufzuhalten, um auch nach außen hin stark zu sein. Das Römische Reich wurde von sogenannten unzivilisierten Barbaren überrannt. Sein Wissen und seine technischen Errungenschaften versanken unter dem Schutt seiner Städte und versickerten mit dem Blut seiner Bevölkerung. Es dauerte fast 1400 Jahre, bis erneut erworben und entdeckt wurde, was die Römer schon längst gewusst hatten. Sowohl den revoltierenden Juden als auch den machtverwöhnten Römern fehlte es maßgeblich an dem, was die Bibel mit Weisheit und Einsicht, mit Gottesfurcht und Gotteserkenntnis beschrieben hat. Das war ihr Untergang.

## Der kostbare Schatz des reifen Alters

Anders war es in den christlichen Gemeinden und Gemeinschaften. Sie wussten um den kostbaren Schatz des reifen Alters und den Schatz der Lebenserfahrung alter Menschen. Sowohl in den ersten Christengemeinden als auch in den Klöstern wurde auf diese lebendigen Schätze behutsam achtgegeben. Sie waren ein spürbares Zeugnis für den Aufbruch mitten im Zusammenbruch. Sie sind damit auch für uns heutige Menschen – jung wie alt – Beispiel und Mahnung.

In unseren heutigen Gesellschaften ist der Erwerb von Wissen – zumindest in den industrialisierten Ländern – längst kein Problem. Anders verhält es sich mit der Weisheit und der Einsicht. Diese wird oft als fortschrittshemmend angesehen, belächelt und verhindert. Alte Menschen seien eine Belastung für die jüngeren Generationen kann man immer häufiger in den Medien hören.

Ich erinnere mich da an einen richtigen Schock. Ich war in einem Auto als Beifahrer mit dabei. Als der Fahrer aus einem Parkplatz rückwärts herausfuhr, blickte ich zufällig zurück und sah einen älteren Fußgänger direkt hinter dem Fahrzeug. »Stopp!«, rief ich. Der Fahrer trat auf die Bremse. Als der ältere Mann vorbei war, meinte der Fahrer ganz lapidar: »Das hätte eine Prämie von der Rentenversicherung gegeben, das war ein Rentner.«

Selbst wenn er es nur witzig gemeint hatte, mich durchfuhr diese Aussage wie ein Blitz. Wenn die Jungen und Jüngeren unserer heutigen Gesellschaft so über ihre älteren und alten Mitbürger denken – selbst wenn es nur in Form von Witzen ist –, brauchen wir uns nicht zu wundern, dass es mit unserer ganzen Kultur bergab geht. Eine Gesellschaft, die für Ältere nichts mehr übrig hat, hat sich bald selbst erübrigt.

Für Menschen, die sich bewusst an die Heilige Schrift als Leitfaden ihres Lebens hielten, war die Antwort klar gegeben. So gibt es zum Beispiel in der Regel des heiligen Benedikt eine ganze Reihe von Stellen, in denen das Verhältnis zwischen Jüngeren und Älteren beschrieben wird. In einer davon heißt es: Die Jüngeren sollen die Älteren ehren. Die Älteren sollen die Jüngeren lieben. Wo dies gelingt, fließen Wissen und Weisheit zusammen und schaffen neue und wirkliche Kultur. Wo dies nicht oder nicht mehr gelingt, wirken die Dekadenz und der Verfall.

## Solidarische Wirklichkeit entsteht im gelebten Alltag

Solidarische Wirklichkeit entsteht im Miteinanderleben, im Alltag, im gemeinsamen Umgang mit Problemen und Herausforderungen. Sie entsteht im selbstlosen Einsatz für die anderen, in der Bereitschaft, Frieden zu stiften und aufeinander zu hören. Solidarische Wirklichkeit entsteht im wohlwollenden und aufrichtenden Umgang miteinander. Das muss immer wieder neu eingeübt werden. Ein gutes Miteinander fällt uns nicht so einfach in den Schoß. Das sehen und spüren und erfahren wir an uns selbst. Immer geht es um die Frage: »Wie gehen wir miteinander um?« Wie gehen wir mit unseren unterschiedlichen Charakteren um? Wie gehen Jung und Alt miteinander um? Wie gehen Arm und Reich miteinander um? Was erwarten wir voneinander? Was fordern wir von einander? Wie fördern wir einander? Genau darum sollte es uns vor allem gehen: Wie fördern wir einander? Charaktergemäß, altersgemäß, situationsgerecht.

Wenn diese Frage zu einer Kernfrage unseres Miteinanders wird, haben wir lebendige Zukunft, eine Zukunft, die es wert ist, dass wir uns darauf freuen, allen Ungewissheiten und Unmöglichkeiten und Schwierigkeiten zum Trotz. Allen Einbrüchen und Umbrüchen zum Trotz. Wenn wir dabei beherzigen, was uns Menschen wie Benedikt von Nursia zur Generationenfrage ins Stammbuch geschrieben haben, dass die Jüngeren die Älteren ehren sollen und die Älteren die Jüngeren lieben, dann wird uns das sicher gelingen. Dann fließen das Wissen der jungen Generation und die Weisheit der Älteren zum Wohle aller zusammen.

Dass dies möglich ist, haben Generationen von Mönchen – teilweise sogar über Jahrhunderte hinweg – in ihren Klöstern gezeigt. Dass es noch viel weiter gehen und noch weitaus fruchtbarer werden kann, davon bin ich überzeugt.

# Die Heilige Schrift als Inspirations- und Kraftquelle

Wer sich dem Wort Gottes stellt, darf keine Angst davor haben, bis in die letzte Seelenfaser hinein von Gott durchschaut zu werden. Anderen Menschen können wir alles Mögliche an Frömmigkeit und Redlichkeit und Wichtigkeit vorgaukeln – Gott nicht. Er erkennt hinter unserem freundlichen Lächeln auch unsere schillernden Seiten, unsere Zwiespältigkeit, unser Bedürfnis nach Anerkennung und Geltung genauso, wie unseren tief sitzenden Neid auf andere, die aus unserer Sicht unrechtmäßig bevorzugt wurden oder ein besseres Leben führen können als wir – obwohl wir es doch eigentlich mehr verdient hätten.

Das Wort Gottes ist scharf, lebendig und kraftvoll – »schärfer als jedes zweischneidige Schwert«, so heißt es im Hebräerbrief (4,12). – Das heißt auch: Am Wort Gottes kann man sich und andere ganz schön verletzen, wenn man nicht richtig mit ihm umgehen kann. Es ist lebendig und kraftvoll, das heißt: Das Wort Gottes ist unbequem und aufstörend und Schlaf raubend; es kann Angst machen und in Bedrängnis bringen – vor allem jene, die durch ihren Glauben gerne in Sicherheit und beruhigt leben möchten.

Das hat auch der sogenannte reiche Jüngling im Evangelium erfahren. Er hatte es bestimmt ernst gemeint mit seiner Frage nach dem ewigen Leben. Die Antwort Jesu durchtrennte sein ganzes Bemühen um ein rechtschaffenes Leben. Der Jüngling wollte zwar das ewige Leben gewinnen – aber in seiner Vorstellung war das ewige Leben lediglich eine Verlängerung des zeitlichen Lebens. Das kannst Du vergessen – sagt das Wort aus dem Hebräerbrief. Wer sich unter das Wort Gottes stellt, stellt sich in die Dynamik unberechenbarer Lebendigkeit. Wer sich und sein Leben unter das Wort Gottes stellt, stellt sich unter das scharfe Schwert der aufrichtenden Klarheit Gottes. Das ist nichts für Menschen, die sich vom Glauben ein seelenberuhigteres Leben erwarten.

## Im ewigen Leben bist Du und bekommst Du, was Du lässt

Im zeitlichen Leben haben äußeres Vermögen und äußerer Besitz einen wichtigen Stellenwert. Im ewigen Leben aber zählen andere Maßstäbe. Im zeitlichen Leben zählt, was Du bist und was Du hast. Im ewigen Leben bist Du und bekommst Du, was Du lässt. Daran orientiert sich die Nachfolge Jesu. Dies im zeitlichen Leben schon umzusetzen ist eine Herausforderung, die nicht nur den reichen Jüngling bestürzt und die Jünger Jesu, sondern auch uns, die wir uns Christen nennen. Der Schlüssel zur Ewigkeit liegt in der Einübung der Gelassenheit. Probieren wir es aus – ganz konkret. Stellen wir einmal eine ganze Woche unter diesen Anspruch. Mensch, sei gelassen! Was immer uns auch geschieht oder widerfährt, wer immer uns auch begegnet: Bleib gelassen! Bleib ruhig! Lass Deine Vorstellungen los – um des Wortes Gottes willen! Und dann schau und nimm wahr, was mit Dir geschieht – und um Dich herum. Ich glaube, der Versuch würde sich lohnen.

So ungewöhnliche Lebenssichtweisen könnte auch die bewusste Übung der Fastenzeit zutage fördern. Viele Menschen nehmen sich gerade in diesen vierzig Tage vor, ihre (Wohlstands-)Gewohnheiten auf den ganz persönlichen Prüfstand zu stellen. Brauche ich wirklich all das, woran ich mich in meinem Alltag gewöhnt habe? Auf was will ich auch einmal verzichten können? – Nicht um mir dabei die Lebensqualität zu beschneiden, sondern um die eigene Lebendigkeit klarer und frischer zu spüren. Der Verzicht klärt und macht dadurch frei. Er bringt uns einen neuen Blick für die kleinen oder größeren Versuchungen unseres Alltags, denen wir so auf die Schliche kommen, indem wir einmal ganz genau darauf schauen, was wir wirklich zum Leben brauchen und was nicht. Dabei geht es gar nicht um eine moralische Abwertung dieser »Versuchungen«.

Das Wort »Versuchung« selbst verweist auf den »Versuch«. Wir »versuchen« damit etwas Bestimmtes, um in unserem Erleben und Empfinden ein angenehm(er)es Gefühl zu bewirken. Damit sind wir grundsätzlich erst mal »Suchende«, das heißt Menschen, die noch nicht am Ziel sind und die noch keine fertige Antwort haben. Das griechische Wort für Versuchung bedeutet Prüfung, Erprobung. Dies legt nahe, dass Versuchung sehr viel mit Lernen zu tun hat. Die Versuchung gehört zur Glaubens- und Lebensschule dazu, damit wir uns über unseren eigenen Glaubensweg und Entwicklungsstand nichts vormachen. Auch wir Christen sind ja nicht selten Versuchungen – Versuchungen aller Art – ausgesetzt. Der Versuchung der Einsamkeit, der Versuchung des vertrockneten Herzens oder der Versuchung in der wüsten Hetze nach Erfolg und Einfluss. Dort ist es oft kein Wunder, wenn der Glaube an den Sinn des Lebens verdunstet. Es mag anstößig klingen, wenn wir sagen, Gott selbst stecke hinter der Versuchung. Aber Jesus selbst scheint sich das durchaus vorstellen zu können, sagt er doch im Vaterunser: »... und führe uns nicht in Versuchung«. Für Jesus ist die Versuchung zwar nicht erstrebenswert, aber deshalb noch lange nicht zu verdammen.

Das Entscheidende an der Versuchung ist etwas ganz anderes. Wesentlich ist die Botschaft: Auch – und gerade – in der Versuchung ist Gott da. Auch – und gerade – in der Versuchung liebt er Dich. Gerade in der Versuchung will er Dich tauglich machen fürs wirkliche Leben.

## Das Reich Gottes ist eine ganz konkret erfahrbare Wirklichkeit auf der Erde

Genau genommen ist auch die Bergpredigt, also das Herzstück der Verkündigung Jesu eine solche Versuchung für den suchenden Menschen. Sie besteht aus einer Sammlung von neuen Denk- und Verhaltensweisen, als Versuch, dem eigenen Leben neue Perspektiven zu geben. Jesus selbst sieht dabei sein Leben und seine Botschaft von Anfang an im Hinblick auf das Reich Gottes.

Das Reich Gottes, das heißt für Jesus: Gott ist *jetzt* da – wohlwollend, ohne Bedingungen zu stellen. »Das Reich Gottes ist auch in Dir da.« Das gilt für jeden Menschen. Da drin – in Dir drin erkennst Du, dass die Welt und das Leben mehr ist als das, was Du sehen kannst. Für Jesus ist das, was *innen* geschieht, das Entscheidende. Daraus lässt sich auch seine anscheinend »verrückte« Botschaft verstehen: Jesus hat sich nach *innen* ver-rückt. Dorthin – nach *innen* – will Jesus auch seine Zuhörer und Jünger führen. Von innen her sieht die Welt oft ganz anders aus. Da entpuppen sich oft gerade die Gescheiterten als gescheit und die Gescheiten als gescheitert.

Die meisten Zuhörer Jesu waren als Opfer der Willkür der Mächtigen ausgesetzt und mussten täglich mit Demütigungen rechnen. Gerade diesen Gedemütigten aber galt Jesu Zuwendung. Gerade ihnen versuchte Jesus die Gesetzmäßigkeiten wirklichen und wahrhaftigen Lebens nahezubringen. Was in den Augen eines Nichtbetroffenen wie eine Vertröstung auf eine jenseitige Wiedergutmachung des himmelschreienden Unrechts aussieht, hat in Wirklichkeit die zerbrochen geglaubte Würde wiederhergestellt – und das im Hier und Jetzt.

## Welche Vorstellungen verbinden wir mit dem Reich Gottes?

Was hat es eigentlich mit dem Reich Gottes auf sich, um dessen Kommen wir Christen in jedem Vaterunser bitten? Um was bitten wir eigentlich, wenn wir beten: »Dein Reich komme«? Was ist das für ein »Reich«? Das Wort »Reich« hat in unserem Sprachgebrauch etwas mit begütert zu tun, mit vermögend und wohlhabend. Diese Bedeutung hat sich aus »fürstlich«, »königlich«, »von vornehmer Abstammung« und »mächtig sein« entwickelt. Ein Reich hat also auch etwas mit einer solchen Macht zu tun. Es ist ein Gebiet, das einem entsprechenden Herrscher untertan ist. Das Reich

Gottes wäre demnach jenes Reich, in dem der königliche, mächtige, vornehme Gott das Sagen hat. Ein Reich, in dem auch alle seine treuen Untertanen von diesem Reichtum und Wohlstand profitieren. Ja und so haben sich denn die Menschen auch immer das Kommen des Reiches Gottes vorgestellt: Dass da ein mächtiger Herrscher dafür sorgt, dass es nichts Böses mehr gibt – keine Angst, keine Not, keinen Tod. Dass darin stattdessen Leben in Frieden und Wohlstand herrscht und die Liebe. Irgendwie tun wir das ja auch heute noch. Eigentlich wünschen wir uns schon hier auf Erden den Himmel herunter. Einen Himmel, der für viele unserer Zeitgenossen eher einem Schlaraffenland ähnlich zu sein hat als irgendetwas anderem. Es wurde in der Geschichte auch immer wieder versucht, dieses Reich Gottes auf Erden zu errichten – mit dem Erfolg, dass es meist nicht in einem Paradies, sondern in einer für die Menschen schrecklichen und oft blutigen Hölle endete. Das Reich Gottes äußerlich aufrichten zu wollen ist bislang noch jedes Mal gescheitert. Die Frage stellt sich nun: Was steckt wirklich hinter den Begriffen »Himmelreich« oder »Reich Gottes«?

## Das Reich Gottes ist nicht greif- und begreifbar, aber existent und wirksam

Für Jesus selbst spielte das Reich Gottes die zentrale Bedeutung in seinem Leben und in seiner Verkündigung. Von Anfang an lautet seine Botschaft: Kehrt um! Denn das Himmelreich ist nahe! Jesus sagt, dass es unter anderem auch durch sein eigenes Wirken bereits angebrochen ist.

Und nicht nur dadurch. Eigentlich sieht er es überall bereits am Wirken. Überall dort, wo Gottes Wort die Menschen in ihrem Inneren erreicht und seine Liebe sie berührt, ist das Reich Gottes bereits ganz real am Wirken. Jesu Augen erkennen das, weil sie mehr als andere Augen sehen können. Also versucht er, in vielen Bildern bei den Menschen ebenso dieses »Reich-Gottes-Gespür« zu wecken. Er nimmt dazu Bilder, die sie verstehen können, und erzählt ihnen vor allem Gleichnisse aus ihrer Alltagserfahrung. Gleichnisse für Bauern, für Fischer, für Priester, für Arbeiter, für Soldaten, für Kaufleute, Händler und Verwalter, Gleichnisse für Verantwortliche und Mächtige, für Arme und für Reiche, Gleichnisse für Gewinner und für Verlierer, für Gesunde und Kranke und Aussätzige. Weil seine Zuhörer so verschieden waren, hat Jesus auf so unterschiedliche Weise vom Reich Gottes erzählt. Für Jesus ist das Reich Gottes kein frommer Wunschtraum, dessen Erfüllung nur in einem fernen, jenseitigen Himmel möglich wäre.

Das Reich Gottes ist für Jesus eine ganz konkret erfahrbare Wirklichkeit auf der Erde. Es ist nicht greif- und begreifbar, aber existent und wirksam. Es ist mehr ein Geschehen, ein inneres Geschehen, das dort, wo es wirkt, durchaus auch äußere Folgen hat – teilweise sogar recht heftige Folgen. Uns heutigen Menschen würde Jesus das Reich Gottes vielleicht mit der Funktionsweise des Fernsehers nahezubringen suchen. Über Jahrtausende hin war es undenkbar, dass man Bilder unsichtbar durch den Raum an ganz andere Orte hin übermitteln kann. Warum sollte Gott nicht auch unsichtbar wirken können?! Für die Fernsehbilder braucht es neben dem Sender auch den richtigen Empfänger und die richtige Einstellung. Das allerdings braucht es für das Wirken Gottes auch.

Schauen wir aber einmal genauer hin, was das »Reich Gottes« für Jesus war und was nicht. Für ihn ist das Reich Gottes weder ein fester Besitz noch ein Dauerzustand. Es kann weggenommen und anderen gegeben werden, wenn die Kriterien dafür nicht erfüllt werden. Ein Kriterium für die Erfahrung des Reiches Gottes ist die ehrliche Umkehr. Menschen, die viel besitzen, tun sich schwer mit dem Reich Gottes. Sie haben zu viel zu verlieren. Menschen, die nicht viel oder nichts oder nichts mehr haben, gelangen dagegen viel leichter hinein. Wo das Reich Gottes wirkt, wirkt es provozierend und ausschließend für alle Kräfte und Mächte, die das Leben und die seelische Unversehrtheit des Menschen bedrohen oder gefährden oder verletzen. Es ist überall da am Wirken, wo Menschen heil werden. Das gilt nicht nur für Jesus. Das gilt auch für uns. Überall, wo Menschen durch uns oder unsere Gegenwart oder durch unser Wort, durch eine Geste, einen Blick von uns aufgemuntert, gestärkt und aufgerichtet oder getröstet werden, da wirkt das Reich Gottes durch uns. Die vielen Heilungen waren es auch, die immer mehr Menschen in Jesu Nähe brachten. Das mit dem Reich Gottes hatten sie nicht verstanden, aber dass plötzlich Kranke mit den verschiedensten Gebrechen, Besessene, Mondsüchtige und Gelähmte gesund wurden, das brachte sie zum Staunen.

## Woran man das Reich Gottes erkennt und wie man es findet

Jesus ließ sich den Erfolg nicht in den Kopf steigen. Er blieb nüchtern und klar. Er wusste und sagte es auch: In wem das Reich Gottes zu wirken beginnt, der geht auch unbequeme Wege, er nimmt Risiken in Kauf und schreckt nicht davor zurück, anzuecken, von den anderen nicht verstanden oder gar zum Feind erklärt zu werden. Der passt nicht in eine Welt der Macht und der Gier und der Äußerlichkeit. Wer das Reich Gottes in sich wirken lassen will, muss sich klar sein, dass dies in unserer Welt und Gesellschaft keinen paradiesischen und friedvollen Zustand auslöst, sondern dass er dann sogar in ungerechter Weise verfolgt wird, dass er beschimpft und auf alle mögliche Weise verleumdet wird.

Ein anderes Grundmerkmal, woran man bei sich oder anderen erkennen kann, ob das Reich Gottes spürbar am Wirken ist, sind Dankbarkeit, Freude und die Bereitschaft zur Versöhnung. Unversöhnlichkeit und Undankbarkeit sind Zeichen dafür, dass man sich eben gerade draußen befindet. Die Freude zeigt sich darin, wie sehr man sich mit anderen mitfreuen kann. Wer sich nicht wirklich freuen kann, findet keinen Zugang zum Himmelreich, auch wenn er vielleicht noch so fromm zu leben scheint. Äußere religiöse Pflichterfüllung und fromme Worte sind nur dann hilfreich, wenn ihre Wurzeln in die Erde der dankbaren versöhnten Freude am Leben hineinreichen. Das Tor, das zum Leben des Reiches Gottes führt, ist deswegen eng und der Weg dahin ist deswegen schmal, weil sie beide nach innen führen. Und dorthin, ins ungewisse Innere des eigenen Herzens wollen nur wenige. Das Reich Gottes wirkt aber vor allem innen. Es wirkt im Verborgenen und nur der verborgene Gott sieht es. Es fühlt sich zunächst oft ganz winzig an, doch dann entfaltet es sich in ungeahnten Dimensionen. Ob jemand klug ist oder töricht, spielt dabei keine entscheidende Rolle.

Das Himmelreich wirkt dort, wo wir gute Gedanken säen. Es wirkt auch dann weiter, wenn böse Gedanken ihm Kraft entziehen wollen. Ein bisschen Himmel mischt die ganze Hölle auf. Selbst wenn nur ganz wenig davon wirken kann, es wird alle Erwartungen übertreffen. Und wenn es wirkt, wirkt es obendrein ohne unser weiteres Zutun. Auf das Reich Gottes stößt man oft zufällig und ganz ohne Absicht. Das Reich Gottes scheint eher uns zu suchen – wie eine kostbare, durch gewandelten Schmerz gereifte Perle. Zeit schient dabei keine Rolle zu spielen.

## Was im Himmelreich gilt, ist immer nur das *Jetzt*

Was im Himmelreich gilt, ist immer nur das *Jetzt*. Da wird uns zugetraut, himmlische Talente und Eigenschaften auszubauen und zu vervielfältigen. Da kann Neues und Altes auf fruchtbare Weise miteinander in Verbindung gebracht werden. Es ist ein Zustand von vertrauender Offenheit, spielerischer Gelassenheit und interessierter Aufgeschlossenheit, der Kindern vertrauter ist als Erwachsenen. Wenn es uns um das Reich Gottes geht und wir unsere ganze Aufmerksamkeit darauf richten, werden wir merken, dass uns auch all das, was wir sonst noch nötig haben, zum richtigen Zeitpunkt wie von selbst geschieht. Überall, wo zwei oder drei mit dieser Aufmerksamkeit versammelt sind, ist Jesus selbst mitten unter ihnen. Hier liegt noch eine weitere wichtige, nämlich die personale Qualität. Das Reich Gottes ist nicht bloß ein allgemeines Prinzip, es geschieht in der Begegnung von Personen. Es ist kein Meer von Schwingungen und Wellen, in dem sich unsere Persönlichkeit dann völlig auflöst. Das Reich Gottes ist als Person erfahrbar. Und wir selbst erfahren uns darin als Person. Es ist pure Begegnung und Kommunion. Es ist weniger ein Einssein als ein Einswerden. Dorthin – ins Einswerden mit Gott – werden wir eingeladen, unser Leben und unser Bitten auszurichten. Laut Jesus herrscht dort pure Freude und Lust am Leben in Fülle, einem freien, heilen, versöhnten, gesegneten Leben. Laut Jesus müssen wir darauf auch nicht warten, bis wir hier gestorben sind. Es beginnt immer *jetzt* und immer *innen,* und das in einer jeden und einem jeden von uns. Aber das Reich Gottes will auch nach außen dringen – auch und gerade durch uns hindurch. Das ist unsere Verantwortung. Eine große und herausfordernde Verantwortung, aber auch eine wunderschöne Herausforderung.

## Durchwirke mich, Gott!

Bitten und beten wir darum, dass wir sensibel werden dafür, wo und wie das Reich Gottes bereits in uns am Wirken ist und sein will. *Dein Reich komme!* – das heißt dann: Durchwirke mich, Gott! Wirke durch mich, Gott! Wirke hinein in meine Welt, in meine Familie und Gemeinschaft. Wirke durch mich hinein in die Menschen, die mir begegnen. Wirke in mir wie Sauerteig, der den ganzen Teig durchsäuert. Wirke in mir wie ein Senfkorn, das zu einem großen Baum heranwächst. Wirke durch alle meine Mauern und Absicherungen hindurch. Wirke nicht erst morgen, sondern wirke *jetzt*. Komm und wirke durch meine Gegenwart. Komm und wirke durch mein Wort, durch eine Geste, durch meinen Blick. Komm und wirke durch meine Ermutigung. Komm und wirke durch meine Stärkung, meine Unterstützung und meinen Trost. Dein Reich komme, Herr. Wirklich und wirksam und *jetzt*.

Diese zentrale Bitte des Vaterunsers auf diese Weise und so intensiv für das eigene Leben gewissermaßen einzufordern nimmt uns in eine harte Schule. Das hat etwas mit bedingungsfreier Liebe zu tun. Und eine solche Liebe lernt sich nicht leicht. Liebe kennt keinen Kompromiss. Wo dies klar ist und gelebt wird, dienen wir dem Leben und seiner Entfaltung.

Und genau darum geht es. Darum muss es jedem Christen gehen: dem Leben zu dienen, die Lebendigkeit herausfördern. Nichts anderes heißt es ja, wenn wir in der Heiligen Schrift zunächst als *Kinder* Gottes bezeichnet werden. Als Kinder Gottes, nicht als Erwachsene. Kinder sind lebendig, überschäumend, unmittelbar – umso mehr, je mehr sie sich geliebt wissen. Als Kind Gottes leben zu dürfen, bedeutet nichts anderes. Wer von uns aber ist das noch? Wer von uns darf noch so unbedarft lebendig sein? Es schmerzt, mit ansehen zu müssen, wie viel kindliche Lebendigkeit heutzutage unter Medienschrott verschüttet, von Anspruchshaltungen verdorben, durch Gleichgültigkeit gelähmt, durch Missbrauch vereist wird. In diese unsere gesellschaftliche Realität hinein ist die biblische Sicht vom Menschen als Kind Gottes eine Kriegserklärung. Dies heutigen Menschen wieder nahebringen wollen heißt, Sand in das Getriebe der Welt zu streuen. Und das wird sie sich nicht gefallen lassen. Sie wird es sich so wenig gefallen lassen, wie sie sich die Botschaft Jesu hat gefallen lassen. Jahr für Jahr wird der Umgang mit genau dieser Dynamik im christlichen Jahreszyklus neu eingeübt. Verdichtet und komprimiert vor allem in der sogenannten »Heiligen Woche« von Palmsonntag bis Ostern.

## Den Weg zu Ende gehen

Die »Heilige Woche« bringt den, der ihre Angebote wahrnimmt, in die Schlusskurve des christlichen Glaubens. Besonders an den heiligen drei Tagen, dem Triduum Sacrum, stellen sich weltweit unzählige Menschen dem Skandal der unberechenbaren Menschlichkeit Jesu vor dem Hintergrund der berechenbaren Unmenschlichkeit der Machthaber und Macht-behalten-Wollenden unserer Welt.

Dabei ist der Gründonnerstag das wohl menschlichste Fest, das es im christlichen Jahreszyklus gibt. Auch die dazugehörige kirchliche Liturgie ist eigentlich eine Zumutung. Aber wer einmal für sich entdeckt hat, was die bewusste Feier des Gründonnerstags an neuer eigener Lebenskraft provozieren kann, lässt die Einladung zur Liturgie des Abendmahlsamtes an diesem Tag kaum mehr ungehört an sich vorübergehen. Da finden wir wirklich alles drin, was zum menschlichen Leben gehört. Der Bogen ist ausgespannt zwischen Liebe und Hass, Zärtlichkeit und Folter, Feier und Verhör, Bekenntnis und Verleugnung, Todesmut und Feigheit, Intimität und Verachtung, Hoffnung und Verzweiflung, Vertrauen und Verrat. An diesem Tag und unter der Spannung der biblischen Ereignisse platzt die Herzhaut des Menschen auf. Vor allem dann, wenn wir die in der Liturgie angesprochenen Themen in uns selber anklingen lassen. Dann fährt dieser Tag wie ein Schwamm über all unsere guten Vorsätze hinweg. Übrig bleibt kein idealer Mensch. Übrig bleibt auch kein Bekenntnis. Übrig bleibt im Grunde nur der Abgrund. Der Abgrund von Schuld und Versagen, von Tod und Vernichtung.

Das, genau das bleibt also übrig von einem Leben, das so hoffnungsvoll begann und so heilend wirkte wie das Leben Jesu: Nichts – außer sinnlosem Schmerz, Verlassenheit und Tod. Verursacht durch abgründige Schuld und noch tieferen Hass. Weil das alles in seiner Massivität und Intensität gar nicht auszuhalten wäre, führt uns die Liturgie des Gründonnerstags aber ganz behutsam in die Tiefe – in die Tiefe des eigenen Herzens genauso wie in die der ganzen Welt. Sich diesem Abgrund der Menschlichkeit zu stellen ist mutiger als alle Kraftmeierei. Unsere Welt und Gesellschaft sähen anders aus, unendlich menschlicher, würde auch auf den Ebenen dieser tiefsten Tiefen mehr von diesem Mut bewiesen.

Den Abgrund der Menschlichkeit nicht gleich wieder wegzublenden, sondern ganz genau drauf zu schauen geschieht dann am folgenden Tag, dem Karfreitag. Dass es ihn gibt und dass wir ihn (immer noch) feiern, wird von immer mehr Zeitgenossen als unzumutbar empfunden. Das Kreuz mit dem Gekreuzigten wird gerichtlich aus öffentlichen Gebäuden entsorgt. Die Botschaft und der Anblick des Gekreuzigten sind ihnen unerträglich und passen nicht in die Gesetzmäßigkeiten ihrer Welt. Durch die Konsequenz des Karfreitags durchkreuzt Gott die hohen Spiele der Macht und entlarvt die Strukturen der Unmenschlichkeit.

Karfreitag bedeutet: Nicht Menschen werden einem Gott geopfert, wie das in den Urzeiten der Menschheit der Fall war. Nicht Menschen werden geschlachtet und verbrannt, damit den anderen die Gnade Gottes zufließt. Karfreitag, das ist die letzt- und endgültige Entlarvung falscher Opfertheologien der Menschen.

Karfreitag, das ist der laute Stopp-Ruf des Engels an Abraham. Karfreitag, das heißt: Mensch, hör auf, mir Deine Freiheit zu opfern. Ich will, dass Du frei bist. Karfreitag, das heißt: Mensch, hör auf, mir Dein Leben zu opfern. Ich will, dass du lebst. Karfreitag – das Fest der letzten Konsequenz. Es ist die klaglose Übernahme Gottes der vollen Verantwortung für die menschliche Freiheit. Das Blut Jesu ist das Siegelwachs auf dem göttlichen Freibrief für den Menschen. Das Blut des Karfreitags ist die Innenfarbe der Krippe. Gott lässt seinen Sohn im wahrsten Sinne des Wortes hängen. Der Karfreitag zeigt, wohin wir Menschen kommen, wenn wir uns auf unseren Verstand verlassen, wenn wir uns von unseren Gefühlen beherrschen lassen, wenn unsere Triebe sich am Leben rächen, weil sie nicht zum Leben gehören dürfen; dann geschieht, was geschehen muss: Das göttliche Recht unterliegt der menschlichen Rache. Wie oft geschieht das auch heute noch in den Straßen unserer Städte, in den Gedanken, in den Bildern und Gefühlen unserer Herzen. Die Feier des Karfreitags legt auf diese unsere Wunde ihren Finger. Das ist wirklich eine Zumutung. Mensch, wie tief bist du gesunken!? Ja, diese Frage hallt schweigend wider beim Anblick des Gekreuzigten: Mensch, wie tief bist Du gesunken?!

Diese Frage aushalten zu lernen, ohne davon wegzulaufen, dem dient der dritte und letzte Tag des Triduum Sacrums, der Karsamstag. Es ist der Tag, an dem nichts geschieht. Alles ist aus. Alles ist vorbei. So scheint es. Der Tag ist leer. Das Herz ist leer. Die Tränen sind verweint. Alles, was bisher galt, verliert seinen Sinn. Was uns vorher eine Freude war, wird schal. Die Liebe, die uns belebt und getragen hat, scheint verdunstet zu sein, ebenso der Glaube, die Hoffnung und sogar die Sehnsucht. Nichts gilt mehr.

Wer dies alles in sich geschehen lassen kann, ist vorbereitet, das zu werden, wohin der Weg in der Nachfolge Jesu führt: zu einem neuen Menschen, der nach dem Leben greift. Genau hier, am Nullpunkt des Glaubens, am Ground Zero der Hoffnung, im Abgrund des Versagens und Scheitern, genau hier geschieht das unbegreiflichste Fest: Ostern.

## Die wahre Wirklichkeit ist manchmal nur durch Tränen hindurch zu sehen

An der zentralsten Stelle unseres Glaubens, am offenen und leeren Grab Jesu, da wird das Normale auf den Kopf gestellt. Oder ist es vielleicht normal, dass der erste Mensch, dem Jesus nach seiner Auferstehung begegnete, eine Frau ist?! Und noch dazu was für eine!! Eigentlich müssten heute noch sämtliche Moralinstanzen aufheulen ob der Tatsache, dass Jesus als Erstes jener Maria Magdalena erschienen ist. Ihr, der Hure, und nicht den beiden angesehenen Säulen seiner Kirche, dem Petrus und dem Johannes. Und das, obwohl doch beide nach biblischem Zeugnis ein paar Minuten vorher noch da waren. Also ehrlich – das hätte er zeitmäßig doch wirklich einrichten können! Aber er hat es *nicht* getan. –

Oder vielleicht doch? Vielleicht sind die beiden sogar an ihm vorbeigelaufen, in gläubiger Unbegreiflichkeit versunken, oder in unbegreiflicher Gläubigkeit, wer weiß. So einfach geht das aus dem Evangelium nicht hervor. Da steht eigentlich ein Widerspruch. »Er sah und glaubte«, heißt es da von Johannes und im gleichen Atemzug: »Denn sie wussten noch nicht aus der Schrift, dass er von den Toten auferstehen sollte.« Auch Maria Magdalena wusste nichts aus der Schrift, sie konnte das mit der Auferstehung auch nicht glauben. Sie wusste nur eines: Wie sehr sie Jesus liebte. Und das trieb ihr die Tränen heraus, ließ ihr den klaren Blick des Verstandes verschwimmen. Aber die Tränen ihrer Liebe schwemmten auch ihre Sehnsucht nach oben. »Ach, wenn das alles doch nicht wahr wäre!« – das mit dem Kreuz. »Ach, wenn das alles doch wahr wäre!« – das mit den Engeln. Ja und dann sah sie sie wieder, die Engel. Sie, die Frau, und nicht die Apostel – obwohl auch diese ins Grab geschaut hatten.

Nur hatten die Apostel nicht geweint. Tut man ja auch nicht als Mann – höchstens heimlich. Manchmal aber ist die wahre Wirklichkeit nur durch Tränen hindurch zu sehen. Tränen prüfen nicht – es sei denn Krokodilstränen, die etwas bewirken wollen. Echte Tränen brennen, brennen wie Salz auf einer offenen Wunde. Brennen als Sehnsucht im Herz – vor allem wenn es liebt. Und ein solch brennendes Herz gibt sich nicht zufrieden mit ein paar sorgfältig hingelegten Binden und Tüchern. Es sucht weiter – und weil es weiter sucht, ist es offen. Wenn auch blutend, aber offen.

Auch wenn sie mehr sah als die Apostel, alles konnte Magdalena doch nicht erkennen. Zumindest hat sie ihren Geliebten auch nicht erkannt. Der Schmerz, er war wohl doch zu schwarz für die Augen. Selbst wenn sie das Weiß der Engel sehen konnte, Jesus erkannte sie nicht. Sie sah nur einen Mann. Einen von denen, die ihren Schmerz nicht verstanden. Einen von denen sie eigentlich genug hatte. Auch wenn er recht einfühlsam fragte: »Warum weinst Du? Wen suchst Du?« Das war es wohl auch, was sie noch zu einer Bitte bewegen konnte: »Herr, wenn Du ihn weggebracht hast, sag mir, wohin Du ihn gelegt hast. Dann will ich ihn holen.«

So viel funktionierte allerdings ihr Verstand noch, dass sie darauf keine Antwort erwartete, denn noch während sie das sagte, wandte sie sich ab zum Gehen. Dieser Gärtner hätte sich ja die Mühe umsonst gemacht mit dem Leichnam, wo sie selbst gerade diese Arbeit wieder rückgängig machen will. »Weiberschmerz« hätte ein anderer darauf vielleicht geantwortet, und das wollte sie sich nicht antun, das wollte sie nicht hören. Nein – Jetzt nicht! Meinen Geliebten habt Ihr umgebracht. Meine Liebe lass ich mir nicht umbringen. Diese Liebe, die ihr Allerheiligstes gewesen ist, ihr Leben lang. Ihr Allerheiligstes, das sie alle mit den Füßen ihrer steinharten und gierigen Herzen getreten hatten. Alle – bis auf diesen einen: Jesus. Ja, »Jesus«, dieser Name klang in ihr wie: »Liebe«. Wie überhaupt ein Name erst durch Liebe klingt. Und da hörte sie: »Maria!« Und sie hörte es so, wie es nur einer sagen konnte: Jesus. »Maria!« – das zerriss den Vorhang ihres Schmerzes und ihre ganze Sehnsucht fiel ihm entgegen, wollte ihm um den Hals fallen – und tat es sicher auch. Durfte es auch. Auch wenn man das Wort Jesu: »Halt mich nicht fest!« lange Zeit als ein »Rühr mich nicht an!« überliefert hat. Ich bin sicher, dass sie ihm um den Hals fallen durfte, die Magdalena. Nur nicht für immer festhalten. Ihn nicht für sich allein behalten wollen, das sollte sie nicht. Aber halten und spüren, das durfte sie wohl. Und es ist auch kein Befehl, den ihr Jesus gibt. Es ist eine Bitte: Halt mich nicht fest, Magdalena, bitte, mein Weg geht noch weiter. Aber komm nach – und nimm die anderen mit.

Und langsam, ganz langsam bewegt sich der Stein von ihrem Herzen, bricht das Dunkel ihrer Seele auf. Das Licht in ihr begegnet dem Licht von außen, sie spürt seine Hand und seine Liebe erhellt ihre traurigen Gedanken. Er trocknet die Tränen von ihrem Gesicht und lässt in ihren Augen widerspiegeln die Freude über seine Auferstehung. Da, wo die Wunde war, wächst zart schon eine neue Haut, eine neue Haut für einen neuen Menschen, der nach dem Leben greift.

Ein neuer Mensch, der nach dem Leben greift, das zu werden lädt auch uns die Osterbotschaft ein. Das Ur-Evangelium: Er ist auferstanden! Er ist wahrhaft auferstanden! Ich habe ihn gesehen. Mehr noch, ich habe ihn umarmt! Apostolin der Apostel, so wird Maria Magdalena auch genannt. Zu Recht, denn sie war wirklich die Erste, die den Auferstandenen sah und spürte. Sie war die Erste, die die Botschaft vom Sieg über den Tod hineingetragen hat in die Welt. Und weil sie es war, gerade sie, die Verrufene, die vielleicht nur Geduldete und eben nicht die Angesehene, die Anerkannte, gerade deshalb ist es auch eine Botschaft für uns.

Eine fragende, an-fragende Botschaft: Wie schaust Du in das Grab Deines Glaubens? Was machst Du, wenn Dir alles aus den Händen geschlagen worden ist? Suchst Du weiter? Voll Liebe weiter? Weiter – auch unter Menschen, die keine Ahnung haben vom Abgrund Deiner Sehnsucht, auch in einer Kirche, die Deinen Schmerz nicht versteht? Suchst Du weiter, auch wenn alles schon wieder anfängt zu glauben? Nur zu glauben. Maria Magdalenas Sehnsucht ließ sie ihr Leben lang nach dem Leben greifen – und dabei wohl allzu oft ins Leere. Aber sie blieb sich treu. So lange, bis sie das Leben nicht nur »er-greifen«, sondern auch »be-greifen« konnte. Und als sie »be-griff«, da konnte sie auch wieder loslassen. Es waren nicht ihre, sondern Männerhände, die Jesus festnagelten. Es sind wohl auch meist Männerherzen, die ihn noch heute gerne festgenagelt hätten auf feste klare Formen. »Halt mich nicht fest!«, das gilt für einen jeden und eine jede von uns. »Bitte, mein Weg geht noch weiter. Aber komm nach – und nimm die anderen mit!«

## Das nenne ich Freundschaft

Da gibt es zum Beispiel die beeindruckende Erzählung im Markusevangelium von den pfiffigen Freunden eines Gelähmten, die sich nicht abhalten lassen, ihren Freund in die Nähe Jesu zu bringen. Glücklich der Mensch, der auf solche Freunde zählen kann wie der Gelähmte dieser Erzählung. Da geht es um eine im wahrsten Sinne des Wortes unverschämte Solidarität. Man kann sich das so richtig vorstellen, wie die vier Männer mit ihrem gelähmten Freund sich erst einen Weg durch die dicht gedrängte Menge zu bahnen versuchten. Aber keiner der Anwesenden war bereit, Platz zu machen und sich von seinem ergatterten Platz in der Nähe dieses außergewöhnlichen Jesus von Nazareth wegzubewegen. Jeder wollte etwas für sich aufschnappen von den Worten des mittlerweile so berühmt gewordenen Landsmannes. Schließlich war ein jeder der Anwesenden früher da gewesen als die vier mit diesem Krüppel. Da war kein Durchkommen. Da aber haben sie nicht mit deren Entschlossenheit gerechnet, ihrem Freund neue Lebendigkeit zu ermöglichen. Sie stiegen nicht nur irgendwem, sondern Jesus selbst buchstäblich aufs Dach. Mehr noch, sie erzeugten bei Jesus einen recht heftigen Dachschaden – also im Haus, in dem er sich aufhielt. Und sie werden nicht schlecht erschrocken gewesen sein, die vielen Leute, die es geschafft hatten, um Jesus herum einen Platz zu finden, als ihnen der Putz auf den Kopf fiel und sich das Zimmer in eine Staubwolke verwandelte. Schließlich war es nicht nur ein kleines Löchlein in der Decke. Das waren mindestens zwei Quadratmeter! Auch wenn das Evangelium nichts von ihrer Reaktion darauf erzählt, dürfte ein höchst verärgertes Entsetzen durch den Raum gegangen sein. Umso mehr erstaunt die Reaktion Jesu, des Hausherrn also. Der fand diese Unverschämtheit auch noch klasse. Ja, das ist wahre Freundschaft. Das ist wahrhaftiger Glaube, ein Glaube, wie Jesus ihn sich wünscht, ein Glaube, dem es nicht nur um das eigene Wohl und Ansehen geht. Ein Glaube, der das eigene Wohl und Ansehen sogar aufs Spiel setzt, wenn es um das Wohl eines Hilfsbedürftigen geht.

Und genau hier wird noch etwas anderes deutlich. Es war in erster Linie gar nicht der eigene Glauben, der dem Gelähmten zur Heilung verholfen hat, es war der Glaube seiner vier Freunde, der Jesus sagen ließ: Deine Sünden sind Dir vergeben. Was heißt das? Das heißt doch, dass eine wirkliche solidarische Freundschaft sogar sündenvergebende Macht hat, zumal jene solidarische Freundschaft, die dabei ihre Hoffnung ganz auf die Begegnung mit Jesus setzt. Wie schade, dass man darüber so wenig hört. Welch lebensstiftende Macht könnte in unseren Freundschaften wirksam werden und was ginge von ihnen für eine Kraft aus, wenn uns die Lebendigkeit unserer Freunde ein solch großes Anliegen wäre wie den Freunden des Gelähmten.

So ein Freund möchte ich auch sein. Jemand, von dem man weiß, dass man sich auch dann noch auf ihn verlassen kann, wenn man von allen anderen abgeschrieben ist, vom Leben und von der Lebendigkeit ferngehalten. So ein Freund möchte ich sein. Ein Freund wie ein Bruder, dessen unglaublicher Glaube an das Leben alles Lebensverneinende auflöst.

Noch ein anderer Gedanke kommt mir bei der Beschreibung dieser Begebenheit in den Sinn. Es ist im Tiefsten eine wirkliche Auferweckungsgeschichte. Die vier Männer ließen ihren gelähmten Freund vorsichtig auf der Tragbahre und mit Sicherheit an Seilen durch das Loch in der Decke des Hauses Jesu langsam in den Raum herunter, in dem Jesus sich mit den anderen aufhielt. Das muss doch so ausgesehen haben, als versenkten Totengräber auf dem Friedhof vorsichtig den Sarg in die Erde. Dann wäre das Haus Jesu in Kafarnaum mit einem Grab vergleichbar. Und ein Grab ist ein Ort, an dem sich normalerweise nur Tote befinden. Die Toten, das waren im Fall unserer Evangeliumsgeschichte wohl diejenigen, die es nicht ertrugen, dass da einem Menschen von einem anderen Menschen neue Lebensmöglichkeiten zugesprochen wurden. Sie empörten sich. Sie zeigten keine Solidarität mit dem Bedürftigen. Sie sahen nicht das Leben, sondern nur das Gesetz. Das ist auch eine Form von Lähmung. Eine Lähmung des Herzens. Eine seelische Verkümmerung. Das Tragische war dabei – sie hatten keine Freunde, die so an die Kraft des Lebens geglaubt hatten wie die vier Freunde des Gelähmten. Sie hätten solche Freunde wahrscheinlich auch gar nicht ertragen.

Das wird uns im Evangelium als Warnung erzählt. Wenn es Dir nicht zuallererst um das Leben und das Bezeugen des Lebens geht, dann kannst Du Dich noch so nah mit Jesus unterhalten, Du bist tot wie eine Leiche und sogar das Haus Jesu ist ein Grab für Dich. Wenn es Dir aber zuallererst um das Leben und das Bezeugen des Lebens geht, dann tu, was Du willst – wenn es sein muss, auch mal etwas Unverschämtes –, dann haben Dein Glaube und Deine Tat eine segnende und heilende und sündenvergebende Kraft und Wirkung. Schade, dass wir uns das so wenig zu glauben trauen.

# Wie der Geschmack zurückkommt

Die interessantesten und spannendsten Zeiten im Leben sind die Zwischenzeiten. Jene Zeiten, in denen das Bisherige so nicht mehr ist und das Neue noch richtig da ist. Das wird jeder bestätigen können, der sich schon mal aufgemacht hat, um ganz bewusst den »Anbruch« eines neuen Tages mitzuerleben. Jenen Moment, in dem die Dunkelheit der Nacht dem neuen Licht des Tages weicht.

Wer sich dann aber wirklich aufmacht, um diesen Moment zu erhaschen, wird feststellen, dass es diesen Moment gar nicht gibt. Es gibt gar keinen Tagesanbruch. Das Licht der Sonne kommt nicht plötzlich. Und die Nacht verschwindet nicht plötzlich. Auch in der Nacht gibt es Licht, das Licht der Sterne. Je dunkler die Nacht, desto mehr Sterne sind sichtbar. Am Boden sind nur Umrisse sichtbar. Fast unmerklich weicht das Schwarz dem Grau und irgendwann sind die ersten Farben erkennbar. Zusammen mit dem Anschwellen des Vogelgesangs. Die Sterne verschwinden und der Horizont beginnt sich langsam in zarten Farben zu präsentieren – lange bevor die Sonne sichtbar wird. Die lässt sich viel Zeit. Vor allem wenn man auf sie wartet. Und wenn dann schließlich der erste Strahl die Linie des Horizonts überstrahlt, ist es gar nicht so aufsehenerregend. Man muss schon sehr geduldig sein und genau aufpassen, um diesen Moment nicht zu verpassen – wohl wissend, dass der Moment des ersten Sonnenstrahls dabei nicht nur von der Sonne abhängt, sondern auch vom eigenen Standort. Wer ihn aber erlebt, erfährt dadurch mehr vom Leben als durch jede Lichtshow oder jedes Feuerwerk – seien sie auch noch so spektakulär. Und außerdem verlangt die Sonne nichts dafür ...

## Der frohe Glaube als Quelle der Lebenslust und Lebensfreude

Gelebter christlicher Glaube ist erstmal so etwas wie eine Seife für das Herz, mit der ich dafür sorge, dass sich der Schmutz von mir löst. Wir warten nicht darauf, dass die anderen beginnen. Wir beginnen bei uns selbst. Wir stellen nicht die anderen in Frage, sondern uns selbst.

Wo lege ich Hand an bei den Problemen meiner Welt? Wo bin ich selbst daran beteiligt, dass es in meinem Umfeld nicht so hell und froh ist, wie es sein könnte oder wie ich es mir selbst wünsche? Wo bin ich selbst einer, der Misstrauen sät, eine, die Vertrauen zerstört? Wo bin ich selbst einer, der Angst hat, sein Gesicht zu verlieren und deswegen zur Lüge oder Beschönigung greift? Wo ertrage ich selbst es nicht, wenn eine andere mehr zu gelten scheint als ich? Wodurch fühle ich mich bedroht? Wogegen wehre ich mich? Wann fahre ich aus der Haut? Wodurch wird ein anderer für mich zur Gefahr oder gar zum Feind?

In dem Maß, in dem wir uns selbst diesen Fragen stellen, stellen wir uns bei allem Potenzial zur Unmenschlichkeit auf die Seite der Menschlichkeit. Wir brauchen uns nichts vorzumachen. Wir wissen um die dunklen Seiten und Fähigkeiten unseres Herzens und unseres Handelns. Aber wir bleiben nicht dabei stehen, diese Seiten nur bei anderen zu bemängeln oder zu bekämpfen, sondern wollen dies auch bei uns tun. Wir wissen, dass mit jedem Menschen die ganze menschliche Entwicklungsgeschichte neu beginnt, also auch mit uns – und dass dies jederzeit möglich ist, also auch jetzt.

## Unmögliches gibt es nicht – jederzeit ist *alles* möglich

Auch mit Dir und mit mir beginnt diese Entwicklung ganz neu. Das wiederum heißt: Unmögliches gibt es nicht. Es ist jederzeit *alles* möglich. Es kommt darauf an, ob ich selbst weitergehe oder stehen bleibe oder umfalle. Wenn es stimmt, was Albert Einstein sagte, dass selbst ein Gedanke, der einmal gedacht ist, nicht mehr zurückgenommen werden kann, dann haben wir Menschen eine ungeheuerliche Macht. Dann hat unser Denken und Reden und Tun Ewigkeitsrelevanz. Dann ist nichts, aber auch gar nichts von dem, was wir denken oder reden oder tun, bedeutungslos. Dann wirkt alles weiter. Dann habe ich auf alles und alle Einfluss. Ob das zu spüren ist oder nicht. Das gilt für das Dunkle genauso wie für das Helle. Das gilt für unsere Spielereien wie für unsere Ernsthaftigkeiten. Das gilt für alles, was wir tun und lassen. Wenn wir diese Erkenntnis Einsteins zulassen, verändern sich unsere Sicht auf die Welt und unsere Rolle darin total. Dann weiß ich, dass ich immer selbst mitverantwortlich bin für die Welt und das Klima, das in ihr herrscht. Dann weiß ich, dass mein eigener Beitrag – so unscheinbar er auch wirken mag – wesentlich ist für ihre weitere Entwicklung. Dann weiß ich, dass nichts vergeblich ist, um was ich mich wirklich bemühe, was auch immer es mich kosten mag.

Dieses befreiende Wissen ist vielleicht, je nach innerer Gefühlslage, nicht immer so präsent und spürbar, aber es ist da. Wo es uns gelingt, mit ihm in Kontakt zu treten oder in Kontakt zu bleiben, da ist eine neue Sicht auf das Leben und auf das, was es ausmacht, möglich. Es ist vor allem eine neue Sicht auf das Phänomen der Dunkelheit, der äußeren oder der inneren. Es ist wie eine neue Selbstbestimmung des eigenen Standorts mitten in der Nacht unter einem klaren Sternenhimmel.

### Wie ein Stern in der Nacht

Sterne haben seit jeher die Menschen fasziniert und in ihrem Herzen ein Echo hervorgerufen. Sternstunden nennen wir jene Stunden, die sich fest in unser Herz eingebrannt haben als eine Orientierung auf Hoffnung hin. Es sind Momente des Glücks und des Staunens, Momente, in denen bislang Unmögliches möglich wurde oder wird. Es gibt Sternstunden des einzelnen Menschen und es gibt Sternstunden der Menschheit oder eines Volkes. Das kann eine Nacht für Verliebte sein, die erste Landung auf dem Mond oder der Fall der Berliner Mauer.

An den Sternbildern am nächtlichen Himmel haben sich über Jahrtausende hin vor allem die Menschen in der Wüste, in den Steppen und auf den Meeren orientiert und tun es teilweise bis heute noch. Eine besondere Rolle spielte dabei der sogenannte Abend- und Morgenstern. Es ist bestimmt kein Zufall, dass unsere Vorfahren den Planeten Venus, der neben unserem Mond am Abend als Erster sichtbar ist und in den Morgenstunden als Letzter für unsere Augen entschwindet, mit dem Spiegel der Liebe und mit der Hoffnung gleichgesetzt haben. Die tiefe Erkenntnis und Erfahrung, wie wichtig die Liebe und die Hoffnung für den Menschen sind, wurden dabei vor allem in der Stille und aus dem Schweigen der herannahenden oder vergehenden Nacht heraus geboren.

## Die Nacht als heilige Nacht

Nicht umsonst steht in der christlichen Tradition die »stille Nacht« auch für die »heilige Nacht«, jene Nacht, in der sich der Himmel und die Erde berühren und in der es keine Trennung zwischen den beiden gibt. Und es gibt da noch die Nacht des Schweigens auf den Tag des Verstummens, dem Karsamstag, folgend: Die Osternacht, die Nacht, in der das Licht als »Lumen Christi« in die tiefste Unterwelt, die Hölle, dringt. Um diese beiden heiligen Nächte herum verdichtet sich das Geheimnis der christlichen Erlösungsbotschaft, dass Gott und Mensch und Welt und All untrennbar und in Liebe miteinander verbunden sind. Und dass letztlich nichts, aber auch gar nichts diese Verbindung trennen, auflösen oder gar zerstören kann. Gott ist überall zu finden, nicht nur im Himmel, sondern auch auf der Erde – und sogar in der Hölle.

## Woran sich das Herz orientiert

Es sind vor allem diese beiden heiligen Nächte, die unserem Herzen neue Orientierung geben wollen. Jahr für Jahr neu. Die beiden heiligen Nächte sind die leuchtenden und ermutigenden Augen Gottes in unser menschliches Leben hinein. Die Sterne sind wie die leuchtenden Augen der Engel in der unermesslichen Weite des Alls. Wir erfahren uns wohlwollend angeschaut von diesen leuchtenden Augen. Wir fühlen uns nicht mehr verloren in einer stummen Unendlichkeit. Unser Herz spürt diese liebende Nähe vor allem dann, wenn es von einem Blick aus leuchtenden Augen angeschaut wird. Von Augen, hinter denen sich die Tiefe und Einzigartigkeiten eines Menschen erahnen lassen.

Woher aber nehmen leuchtende Augen ihr Licht? Es ist die im Verborgenen wirkende Liebe, welche Augen leuchten lässt. Die Augen bringen die Leuchtkraft des Herzens zum Ausdruck. Wenn es stimmt, dass Sterne wie Augen sind, dann ist es kein Wunder, wenn uns die Augen von liebenden und geliebten Menschen wie funkelnde Sterne vorkommen, die unser Herz berühren.

## Wenn die Erde voll von Himmel ist

Vor allem in der Liturgie in der Osternacht und in der Heiligen Nacht holen wir Christen über die brennenden Kerzen die Sterne herunter auf die Erde. In der Heiligen Nacht und in der Osternacht können die Engel unsere Erde durch das Licht der Kerzen so erleuchtet sehen wie wir Menschen in der Nacht den Himmel durch das Licht der Sterne. Im Grunde gilt das für jede entzündete und brennende Kerze. Ihr Licht zeigt an, dass es noch Liebe gibt und Hoffnung – gerade weil es ein zutiefst ohnmächtiges, leicht ausblasbares Licht ist. Jede brennende Kerze ist ein stilles Angebot an unser oft so verwirrtes und verirrtes Herz, sich wieder neu zu orientieren.

Wie groß die Sehnsucht danach ist, zeigt die große Resonanz vor allem bei Jugendlichen auf Veranstaltungen wie die Nacht der Lichter aus Taizé, die Rorate-Gottesdienste der Adventszeit oder die Nacht des Lebens vor Allerheiligen. Nächtliche Gottesdienste und Andachten erfreuen sich schon lange einer großen Beliebtheit. Behutsame Liturgie in der Nacht wirkt wie eine Seelenbrücke zwischen Herz und Verstand. Die Fragen und Zweifel des Lebens werden weder verdrängt noch beantwortet. Sie dürfen sein und sie dürfen bleiben. Sie quälen nicht mehr, wenn sie auf Wohlwollen und stillen Trost treffen. Und im Aufleuchten unserer Augen werden neue Sterne geboren, Sterne der Hoffnung, Sterne voll von Liebe zum Leben, Sterne voll von Menschlichkeit.

## Die Dunkelheit will gepflegt werden

Es ist nicht die Dunkelheit, die uns bedroht. Es ist wohl mehr die Angst vor dem, was wir in unserem eigenen Herzen durch sie zu sehen bekommen könnten. Das Gleiche gilt für die Stille und das, was wir in unserem eigenen Herzen durch sie zu hören bekommen könnten. Das Leben beginnt in Dunkelheit und Stille. Das Samenkorn keimt in der Muttererde. Das Kind entsteht in der »Erde« der Mutter. Die Dunkelheit und Stille gewähren Schutz und erzeugen so auch Geborgenheit. Die dunkle stille Nacht und der ruhige Schlaf regenerieren die während des Tages verbrauchten Kräfte und sind somit Voraussetzung für das

Leben am und im Licht. Mancher Traum bringt ans Licht, was man bei Tag nicht sehen will. Manches Schweigen macht den geknebelten Schrei des verwundeten Herzens fühlbar.

Genau das aber versucht unsere Gesellschaft oft genug zu verhindern. Sie schüttet uns zu mit Bildern von außen. Sie verhindert die Nacht mit künstlichem technischem Licht. Der Schrei des Herzens verstummt durch die aufpeitschenden und lauten Rhythmen aus Boxen und Headsets. Die verhinderte Nacht ist der Tod der Liebe und der Hoffnung. Die verhinderte Nacht bewirkt den Verlust des menschlichen Maßes und lässt uns jeden Halt verlieren.

Wenn wir aber in unserer hoch technisierten Welt nicht völlig die menschliche Orientierung verlieren wollen, wird es notwendig sein, dass wir die Dunkelheit und die Stille unserer Nächte schützen. Das wäre eine heilvolle und heilsame Aufgabe für Christen, also für jene Menschen, die eine Beziehung haben zu heiligen und stillen Nächten. Was es dazu braucht, ist keine ausgeklügelte Beleuchtungs- oder Beschallungstechnik. Es ist das lebendige Licht der Kerzen oder Fackeln, des Lagerfeuers oder des Kaminfeuers, das unser Herz berührt und in unserem Gemüt das Gefühl von Geborgenheit, Vertrautheit und des Dazugehörens erzeugt. Es ist das Schweigen oder es sind die Lieder, die zur Stille und zur inneren Ruhe führen. Nachts ist die Seele empfänglicher, weil es mehr Schutz gibt.

## Erfahrungen und Begegnungen am Ende von Raum und Zeit

Wie existenziell sich Grenzerfahrungen ins eigene Leben hinein auswirken können, ist mir im Laufe meines eigenen Lebens mehrfach ganz deutlich widerfahren.

So zum Beispiel einmal während der kritischen Phase einer Lungenentzündung vor zwölf Jahren. »An dieser Tür kommst Du nur noch durch das Gebet anderer vorbei«, war das kommentierende Wort zu einer Szene in einem Fiebertraum. Ich befand mich in voller Fahrt auf einer Rodelbahn. Je heftiger das Fieber war, desto schneller wurde die Fahrt. In einiger Entfernung machte die Bahn eine Kurve und mitten in der Kurve war eine Tür, aus der warmes Licht herausfloss. Mir war innerlich völlig klar, dass damit mein Tod gemeint war. Ich empfand es aber nicht als Bedrohung. Trotz heftiger Schmerzen war ich im Frieden und glücklich. Vielleicht verursacht durch das einzige Gebet, das ich noch beten konnte: »Herr Jesus Christus, erbarme Dich meiner.« Ich weiß es nicht.

Das Bild mit der Tür verband sich mit einer früheren Erfahrung. Ich stand im Krankenhaus am Sterbebett meiner »Wahloma«, einer sehr lebendigen und inspirierenden achtzigjährigen Frau, die ich im Rahmen meiner Doktorarbeit kennen- und schätzen gelernt hatte. Meine linke Hand lag auf dem Unterarm der nur noch flach atmenden Frau. Mit der rechten Hand berührte ich ihren Kopf und ihre Stirn und war gerade dabei, ihr einen irischen Reisesegen mit auf ihren letzten Weg zu geben. Plötzlich bekam sie am ganzen Körper eine Gänsehaut. Es durchzuckte mich wie bei einem Stromschlag. Ich »sah« eine offene Tür mitten in einer Landschaft. Meine »Wahloma« war im Begriff, durch sie hindurchzugehen. Sie drehte sich noch einmal um und winkte mir zum Abschied. Dieses Bild hat sich in meine Seele eingebrannt. Mit diesem Bild bleibt meine Seele wach – und vor allem eines: dankbar. Dankbar für das Leben, das gelebte Leben und das zu lebende gleichermaßen.

## Vom Himmel berührt

Ich denke auch dankbar an die Umarmung eines alten Bruders zurück, der mich auf seinem Krankenlager – kurz vor seinem Tod – mit einem schwachen Handzeichen bat, mich zu ihm zu beugen. Ich dachte, er wolle mir etwas sagen, und legte mein Ohr an seinen Mund. Da legte er seinen Arm um meinen Kopf und drückte meine Wange ganz herzlich und sanft an sein Gesicht. »Ja, so zärtlich nah lass Dir den Tod kommen, Jonathan!«, ging es mir blitzartig durch den Sinn. Ich fühlte mich den ganzen Tag über wie vom Himmel berührt.

Vor allem die Begegnungen mit Sterbenden haben mich in den darauffolgenden Jahren gelehrt, dass es mehr gibt zwischen Himmel und Erde als das, was wir mit unserem Verstand erfassen und erklären können. Leben wächst und geschieht immer am Ende von Raum und Zeit. Liebe wächst und geschieht immer über Zeit und Raum hinweg. Nicht fassbar, aber ungeheuer wirksam. Wer liebend lebt, stirbt auch in die Liebe hinein. Für einen liebenden Menschen ist der Tod nicht mehr unberechenbar, weil er ihn in seine Lebensrechnung mit einbezieht. Der Tod ist für ihn wie eine Tür in frisches Leben. Immer mehr auch selbst ein solch liebender Mensch werden zu wollen ist für mich das Ergebnis der Lebenslektionen geworden, vor die mich das Wort aus der Benediktregel gestellt hat. Es kommt nicht auf die Länge des Lebens an, sondern auf die Intensität der Liebe, die in ihm wirksam werden kann.

## Je näher die »Sicherheit«, desto größer die Angst

Eine andere Begegnung hatte ich während eines Urlaubs in den Alpen. Abseits von den Wanderwegen lebte ich zwei Wochen wie ein Eremit in einer kleinen Jagdhütte auf zirka dreizehnhundert Meter Höhe. Eines Tages unternahm ich eine lange Bergtour. Auf dem Rückweg – ich hatte noch eine gute halbe Stunde bis zu meiner Hütte – schoben sich plötzlich dicke dunkle Wolken über den Bergkamm. Ehe ich mich versah, befand ich mich inmitten eines heftigen Berggewitters. Mit einem zischenden Blitz und einem ohrenbetäubenden Donner schien der Himmel zu bersten. Binnen weniger Sekunden war ich bis auf die Haut nass. Da folgte schon – direkt neben mir – der nächste Blitz mit einem fürchterlichen Donnerschlag im Gefolge. Nach dem ersten Schrecken sagte ich laut: »Gott, wenn Du mich jetzt holst – das Leben war schön und ich danke Dir dafür. Ich geh aber trotzdem weiter!« Und so ging ich auch. Schritt für Schritt. Blitz für Blitz. Donner für Donner. Die ersten Gerölllawinen rutschten an mir vorbei. Ich sah kaum weiter als ein paar Meter. Aber in mir war ein unbeschreibliches Gefühl von Frieden und Einheit mit dem ganzen Geschehen, ja mit der ganzen Schöpfung. Ich »wusste«: »Selbst wenn Dir was passiert, Dir wird nichts geschehen«.

Ich habe seither nie mehr eine solche Einheit verspürt wie in jener halben Stunde inmitten der Gewitterwolke. Am Ende machte ich dann noch eine weitere Erfahrung. Als ich auf den letzten Metern die »rettende« Hütte vor mir sah, wurde der innere Friede von der Angst verdrängt, mich könne doch noch ein Blitz treffen. Je näher die »Sicherheit«, desto größer die Angst. Mit einem heftigen Donnerschlag verabschiedete sich das Gewitter. Direkt hinter mir rauchte ein Baum. Die Wolken rissen auf. Ein Regenbogen wölbte sich über die Waldlichtung. Ich zitterte und die Tränen vermischten sich mit den Regentropfen auf meinem Gesicht.

## Mein Leben mit einem sterbenden Baum

Eine »Grenzerweiterungserfahrung« ganz eigener Art hatte ich mit einem anderen Baum. Jahrelang stand sie da, allein, mitten auf unserer Wiese: »unsere Eiche«. Mehrere hundert Jahre war sie alt, nach allen Seiten ausgreifend, knorrig, mächtig, trutzig. Eine wunderbare Schattenspenderin vor allem im Hochsommer. Zur Zeit des Futtermachens und der Heuernte bekam sie Besuch – unter anderem von mir, anfangs im Kinderwagen, später dann krabbelte ich um sie herum und spielte. So wuchs ich mit ihr heran. Sie erschien mir immer vertrauter und mir schien es, dass ich es auch für sie wurde. An ihrer rauen Rinde konnte man sich wunderbar durch das Hemd selbst am Rücken reiben, vor allem wenn die Sonne den Schweiß etwas arg oder juckend die Haut herunterlaufen ließ.

Je älter ich wurde, desto bewusster suchte ich »meine Eiche« auf, auch zu anderen Jahreszeiten, zu Fuß oder zu Pferd. War ich in der Nähe, war ein Besuch die größte Selbstverständlichkeit, die es gab. Der Blick und das Winken schon von Weitem gehörten genauso dazu wie das antwortende Wiegen und Rascheln ihrer Blätter und Äste. Selbst mein Pferd wusste um dieses Ritual. Es blieb stehen, ich stieg ab, berührte spielend die untersten Äste, umarmte »meine Eiche« und legte meine Wange an ihren Stamm – manchmal auch recht lange, je nachdem, was mein Herz gerade bewegte. Eine eigenartige Ruhe floss in mich hinein. Ihr konnte ich alles sagen. In meine Eiche konnte ich alles hineindenken und hineinfühlen. Sie hielt es aus. Auch das, was ich niemals einem Menschen gesagt hätte. Sie wusste alles von mir – so wie die nahe gelegene kleine Waldkapelle, die mit den Jahren ebenfalls ihren festen Platz bei meinen Besuchen hatte. Auch sie sah mich bereits im Kinderwagen – geschoben von meiner über achtzigjährigen Urgroßtante oder von meiner Großmutter.

## Vom Tod gezeichnet

Irgendwann spürte ich, dass »meine Eiche« an Kraft verlor. Es ging ihr nicht gut. Das Ohr an ihrem Stamm, fühlte ich, dass ihr Schweigen mehr und mehr zu einem Verstummen wurde – obwohl man ihr nach außen hin noch gar nichts ansah. Immer noch trotzte sie Frühlings-, Gewitter- und Herbststürmen gleichermaßen. Aber sie litt. Vor allem auf einer Seite. Aber zuhören konnte sie noch und Tränen aufnehmen auch. Von Besuch zu Besuch wurde mir klarer, dass ich meine uralte Seelenbegleiterin wohl überleben würde. Es tat weh, sie so leiden zu sehen. Selbst das Zuwinken zur Begrüßung hatte schon etwas von der Trauer des absehbaren endgültigen Abschieds.

## Auf der Spur des Herzens

Mittlerweile war ich Mönch geworden. Bei meiner Suche nach Gott und Sinn und Lebendigkeit hatte mich die Kraft der uralten Regel des heiligen Benedikt angesprochen. Sie kam mir so vor wie die Eiche auf der Wiese meiner Kindheit. Auch das so vertraute Gefühl des Angenommenseins war mit dabei. Diese benediktinische Lebensweise ist gut verwurzelt. In ihrem Kreis lässt sich das Leben lernen. Über dem Regal, in dem die Mönchsregel stand, schaute mich auch mein Baum an – oder ich ihn, auf dem einzigen Foto, das ich von ihm hatte. Ich hatte es aufgenommen eine Woche bevor ich die Welt meiner Kindheit verließ, um im Kloster weiter der Spur meines Herzens zu folgen. Und manchmal führte sie mich in den folgenden Jahren zurück, diese Spur, vor allem wenn wichtige Zukunftsentscheidungen anstanden, meist zu Fuß, aber immer zu meiner Eiche und der kleinen Kapelle im Wald.

## Das Ende, das kein Ende ist

Alt war sie geworden, schwach, halbseitig gelähmt und verdorrt und niemand wusste warum. Schließlich wurde entschieden, ihrem schlimmen Zustand ein Ende zu setzen und sie zu fällen. Beim Zerlegen des mächtigen Stammes wurde die Ursache ihres Absterbens offenbar. Mehrere mächtige MG-Geschosse steckten ihr im Leib. Außen herum war alles vergiftet durch das Blei der Kugeln. Anhand der Jahresringe waren die Einschüsse datierbar: 1945, also bei oder nach Kriegsende wurde unsere Eiche quasi erschossen. Fast ein halbes Jahrhundert lang hat sie – selbst tödlich getroffen – noch gezeigt, dass das Leben sich lohnt. Mir hat sie Schatten, Geborgenheit, aufrichtende Kraft und eine vertraute Herzensheimat geschenkt, Anspruch und Hoffnung, was und wie ich selbst einmal sein möchte.

## Botschaft und Auftrag und Beispiel – Was bleibt, ist Dankbarkeit

Das Foto meiner Eiche ist mir irgendwann abhandengekommen, ihr Bild im Herzen weist mir aber immer noch den Weg. Einen Holzscheit mit einem Einschussloch und dem silbrigen Schwarz der Bleivergiftungszone habe ich mir ins Kloster bringen lassen. Er steht in meiner Zelle und erinnert mich an all die Stunden, die Tränen und das Glück, die er als Baum von mir erfahren und getragen hat. Er fragt mich täglich, ob ich meine Herz-Wurzeln pflege und wie es um die Kraft bestellt ist, die ich aus ihnen ziehe zum Leben. Er fragt mich, ob ich mich auch wirklich entfalte mit all dem, was in mir steckt – und er fragt mich, ob ich die wichtigste Lektion von ihm gelernt habe, die er mich als Eiche lehren wollte: Dass es sich lohnt, für das Leben zu kämpfen, auch wenn man bereits verwundet ist. Dass es wunderschön ist, junges Leben zu schützen und heranwachsendes zu fördern. Dass es glücklich macht, gebeugtem Leben Halt zu geben und es aufzurichten, damit es groß und stark werden kann. Und vor allem: Ob ich sehe, wie sehr das Leben weitergeht – über allen Tod hinaus. Zum Beispiel an und in ihrem mächtigen Stumpf durch die vielen Lebewesen, denen er zur nährenden Heimat wurde – oder einige hundert Meter von ihrem Standort die junge schlanke Eiche, die allein auf der Wiese steht, in die Höhe strebend und ausgreifend wie ihre Mutter. Wenn ich heute nach Hause auf die Wiese komme, besuche ich beide, den alten Wurzelstumpf und die junge Eiche. Über beiden öffnet sich der Himmel – und erfüllt mein Herz mit Dankbarkeit.

## Alles, was Dein Herz gibt, zählt

Das ist eine klare Vorgabe für Menschen, die vorgeben, ein Herz für andere zu haben. Wir kennen es ja zur Genüge, und vor allem in der Adventszeit zum Überdruss, wie es ist, wenn nicht das Herz etwas schenken kann oder darf, sondern nur der Verstand mit seiner Einsicht und Berechnung durch die Läden hetzt und passende Weihnachtsgeschenke sucht. Wir wissen auch, wie es ist, wenn wir entweder mit einem schlechten Gewissen oder im Bewusstsein der eigenen Großzügigkeit etwas spenden.

Im Jahre 1980 war ich über Weihnachten zusammen mit Helfern einer kleinen Hilfsorganisation aus meiner Heimatgemeinde im süditalienischen Erdbebengebiet um Avellino. Um unsere materiellen Hilfsgüter entbrannte nicht selten ein heftiger Streit. Unsere schlichte Anwesenheit dagegen, unser schweigendes Zuhören und unser Interesse an den Menschen und ihrer Situation ließen in den Augen der Be-

troffenen Dankbarkeit und Hoffnung aufleuchten. Das w
meist dann, wenn wir selbst am Ende waren, runter mit
den Nerven und erschöpft. Und da waren es gerade die,
die nahezu alles verloren hatten, die uns mit dem wenigen
beschenkten, was sie noch hatten. So denke ich heute noch
an den Familienvater aus Volturara, der uns am Weihnachts-
abend bei Schnee- und Graupelschauer in sein nur halb-
dichtes Zelt in den Kreis seiner sechs oder sieben Kinder geholt hatte, um uns dann mit leuchtenden Augen von seinem
letzten Brot zu geben. Auf unseren Protest hin sagte er nur:
»Bitte essen Sie, es ist doch Weihnachten!«

Nur was Dein Herz gibt, zählt. Alles, was Dein Herz
gibt, zählt. Dieses »Alles« kann wirklich »alles« sein. Ein
Blick, ein Wort, eine Geste. Der Mut zur Versöhnung. Die
Überwindung einer Enttäuschung. Ohne Murren ertrage-
ne Schmerzen und bejahtes Leid – all das kann eine Her-
zensgabe sein, eine Gabe, die anderen neuen Mut und neue
Kraft, neuen Sinn und neue Hoffnung schenkt.

## Ein Kennzeichen unserer Würde ist der aufrechte Gang

Das Kennzeichen der freigelegten und freigeglaubten Würde ist der aufrechte Gang, der aufrichtige Blick, das aufrichtende Wort. Ein solcher Mensch sieht und geht und lebt
und liebt nach einem anderen Gesetz als dem der Welt.
Ein solcher Mensch zu werden, ein solche Frau, ein solcher
Mann zu werden, dazu lud Jesus die Menschen seiner Zeit
ein. Und in seiner Spur tat es auch der heilige Benedikt in
seiner Regel für die Mönche. Sie sollten sich zwar vom lauten Treiben der Welt fernhalten, aber das hieß nicht, dass

sie die Welt verachten sollten. Im Gegenteil. Sie sollten sich nüchtern und wach und innerhalb des klösterlichen Frei- und Schutzraumes mit den Gesetzmäßigkeiten der Welt und des Lebens auseinandersetzen, um so wirklich und lebendig leben zu können. Dazu dienen vor allem auch die krassen Formulierungen, mit denen Benedikt von Nursia die Mönche zum konsequenten Weitergehen auf ihrem inneren Weg herausfordern wollte. So sollten sie zum Beispiel »ständig den unberechenbaren Tod vor Augen haben« (RB, Kap 4). Das war nicht Furcht einflößend gemeint, sondern lebensintensivierend. Die Mönche sollten das Leben nicht auf irgendwann verschieben, sondern ganz im Jetzt der Gegenwart Gottes leben. Angesichts dieser Gegenwart hat sogar der »unberechenbare Tod« eine lebensförderliche Botschaft. Sie lautet: Lebe jetzt und lebe ganz! Verschiebe nichts! Tu, was zu tun ist! Lasse, was zu lassen ist! Verweigere weder Deine Liebe noch Deine Bereitschaft zu verzeihen. Nur wenn Du versöhnt bist, bist Du auch lebendig. Feilsche nicht und nörgle nicht. Das Leben ist zu kostbar.

## Die Nutzung der »kostenfreien Energiequellen«

Wir nennen unseren Planeten zwar »Mutter Erde«, aber wir behandeln ihn nicht wie eine Mutter. Wir verweigern ihre Nahrung vor allem für unsere Seele. Außerdem konsumieren wir Unmengen sogenannter naturidentischer oder chemischer Produkte. Der Nahrungsergänzungsmittelmarkt ist in den letzten Jahren buchstäblich explodiert. Ihr einziger »Vorteil« ist, dass sie etwas kosten, also einen Wert haben. Dass die kostenfreie Nutzung von Luft und Duft, von

Licht und Farbe, von Klang und Musik bei Weitem »energieerzeugender« wäre, kommt uns fast gar nicht mehr in den Sinn. Dabei wäre es für die Seele eines Menschen viel naturgemäßer, wenn das Gefühl der Sinnlosigkeit nicht mit Chemikalien, sondern durch den bewussten und öffnenden Gebrauch der vorhandenen Sinne behandelt würde. Aber das würde ja gar nichts kosten …

## Das Prinzip des Betens und Segnens

Schließlich gibt es da noch das bereits jahrtausendealte »Energieprogramm«, dem sich auch die benediktinischen Mönche verschrieben haben: dem Gebet und dem Segen. Gerade im Stundengebet und in der Liturgie der Mönche wird deutlich, dass es sich hier nicht in erster Linie um die Ableistung einer (Gebetsleistungs-)Pflicht dreht, sondern um die Pflege der Seele und des ganzen Menschen. Im Stundengebet und in der Liturgie bündeln und verdichten sich alle wirklichen regenerierenden Energiequellen, weil in ihnen alle »Energiegesetze des Herzens« berücksichtigt sind. Dies gilt aber nicht nur für Mönche, sondern für alle – ohne Ausnahme. Wer betet und wer segnet, öffnet sich für die *Kraft des Himmels*, die er durch sich hindurch in die Welt hinein bittet und betet und fließen lässt. Das stärkt ihn selbst und alle, für die und auf die hin es geschieht. Und auch wenn an den Oberflächen des Lebens gar nichts zu sehen oder zu spüren ist, in der Seele kommt diese Kraft an. Und dort wirkt sie auch.

## Das Prinzip der Sammlung

Da ist zuallererst einmal das Prinzip der Sammlung. Ein Mensch, der zu sich und seiner inneren – regenerierenden und regenerierbaren – Kraft finden will, braucht berieselungsfreie Räume des Schweigens und der Stille. Er braucht »Einsamzeiten«, in denen sich das im Leben Erlebte in Lebenserfahrung wandeln kann. Er braucht Verzichtzonen, in denen »weniger« wichtiger ist als »mehr«. Er braucht Ermutigung zur Konzentration, zum Üben und zum langen Atem. Eine gute Übung dazu ist für mich die »Schale der offenen Hände«, mit der ich mich immer wieder einmal in die Natur oder mein Zimmer stelle und für ein paar Momente oder Minuten meine Aufmerksamkeit in die Handflächen hinein sammle. Es ist immer wieder beeindruckend, wie effektiv sich diese kleine Übung auswirkt.

## Das Prinzip des Wohlwollens

Was die regenerierenden und regenerativen Energien des Herzens zutage fördern, ist vor allem auch das Prinzip des Wohlwollens. Im Letzten geht es um das grundsätzliche Ja zum Leben, so wie es ist und wie es sich zeigt und bisher gezeigt hat. Das gilt zunächst für jeden Menschen im Umgang mit sich selbst und dem, wie er geworden ist. Der wohlwollende Blick auf sich selbst, zum Beispiel bei der Morgentoilette, weckt mehr innere Kraft und hat größere Wirkung nach außen als so manches Pfund Farbe, Duft oder Creme. Und manche Falte vergeht von ganz allein, wenn man sie nicht mehr loshaben will. Dass ein wohlwollender Umgang mit dem Körper sich positiv auf den ganzen Menschen auswirkt, hat schon Teresa von Ávila (1515–1582) mit ihrem berühmten Wort: »Tu Deinem Leib etwas Gutes, damit deine Seele Lust hat, darin zu wohnen« auf den Punkt gebracht. Das wäre überhaupt ein unbestechliches Energiekriterium: Dafür sorgen, dass gerade auch die Seele Lust und Freude am Leben hat. Dies findet sie in erster Linie, wenn sich das Leben nicht nur an der Oberfläche abspielt, sondern wenn es sowohl Wurzeln in die Tiefe treiben kann als auch unbeschwert über alles hinwegschweben darf.

## Das Prinzip der (guten) Spannung

Das Prinzip der (guten) Spannung kann sich dann entfalten, wenn wir unser oft so energieraubendes wertendes Denken und Fühlen zugunsten eines polaren Bewusstseins im Zaum halten. Wenn wir unsere inneren Widersprüche als vorgegebene und (vielleicht sogar) notwendige Polaritäten sehen, können wir alle Vertuschungs- und Ablehnungskämpfe sein lassen. Weder das Herz noch die Seele brauchen Entspannung. Weder das Herz noch die Seele vertragen auf die Dauer eine Überspannung. Was sie brauchen, ist eine gute Spannkraft. Diese Spannkraft kommt nicht durch Überforderung und auch nicht durch Unterforderung, sondern durch das gute menschliche Maß in dem, was wir tun. Wer seine Müdigkeit zugunsten größerer Leistung durch Aufputschmittel verdrängt, bezahlt dafür irgendwann mit seelischer Erschöpfung. Wer dagegen seine wirklich gemäße und ungedopte Leistung abruft und einsetzt, wird im Nachhinein mit zufrieden glücklicher Mü digkeit beschenkt, die im Schlaf neue Kraft wachsen lässt. Letztere wird als die natürlichste Regenerierungsquelle viel zu häufig unterschätzt.

## Das Prinzip der Wiederholung

In unserer auf den Verstand hin ausgerichteten Wohlstandsgesellschaft gehört die immer schnellere Abwechslung zum unverzichtbaren Bestand des Idealzustandes. Das ist jedoch ein bewusst angelegter Irrweg, der die Menschen von sich weg lockt und ihre Sehnsucht und Lebenssuche in die Sucht hineinlenkt. Das Herz lebt in erster Linie von der Wiederholung und von den guten Gewohnheiten. Alles andere kostet ihn seine Kraft. Dass auf der anderen Seite viel innere Stabilität und lebensfrohe Geborgenheit von Liedern oder Gebeten oder Texten in uns ausgelöst wird, die wir – weil wir sie schon so oft wiederholt haben – »auswendig« (französ. »par cœur« = »durch das Herz hindurch«) sprechen oder singen, das haben wohl die meisten von uns schon erfahren. Im Stundengebet der Kirche und der Mönche wird dieses Energieprinzip der Wiederholung seit über tausend Jahren praktiziert und weiterentwickelt – mit bemerkenswerten Ergebnissen.

## Das Prinzip des Dankens

Wesentlich für die Nutzung der »kostenfreien Energiequellen« ist die Grundhaltung der Dankbarkeit, in der wir erkennen und bekennen, dass wir »Beschenkte« sind. »Mit jedem Ge-danken geh ich danken«, sagte mir einmal ein alter Mönch mit humorvoll leuchtenden Augen, als ich ihn fragte, was für ihn in seinem Leben besonders wichtig geworden sei. Ein Mensch, der nicht danken kann, ist ein »Energieschmarotzer«. Wer auf alles und jedes ein Recht zu haben meint, sollte sich einmal fragen, ob er sich nicht dadurch nur für seine Lebensunfähigkeit an den anderen rächen will, indem er von ihnen ihre Kraft und Energie und Lebensfreude abzapft. Vor solchen Menschen sollte man sich wirklich nur schützen. Dankbare Menschen dagegen tun unserer Seele gut. Ihre Anwesenheit erfrischt und belebt und gibt neue Kraft.

## Das Prinzip der Versöhnung

Das dieses Prinzip zu den schwierigsten Glaubensübungen zählt, wissen wir bestimmt alle. Auf uns allein gestellt, sehen wir uns dazu meist nicht in der Lage. Besonders hier brauchen wir die Unterstützung »von anderswo«, christlich ausgedrückt: vom Geist Gottes. Im Johannesevangelium sprach der Auferstandene zu seinen Jüngern: »Empfangt den Heiligen Geist! Wem ihr die Sünden vergebt, dem sind sie vergeben; wem ihr die Vergebung verweigert, dem ist sie verweigert.« (Joh 20,23) Im Klartext: Es ging um Versöhnung. Es ging darum, ihnen noch einmal den Kern der Botschaft Jesu ins Herz zu schreiben: »Empfange den Geist der Versöhnung! Lehne die Versöhnung nicht ab, denn sonst lehnst Du den Geist ab, den Heiligen Geist! Versöhne Dich! Liebe Dich! Liebe Gott! Liebe Deinen Nächsten! Liebe Deinen Feind!« Das ist die Quintessenz des Evangeliums. Daran kommt niemand vorbei, der sich auf den Weg der Nachfolge Jesu machen will.

Sobald Du in Deinem eigenen Herzen anfängst mit der Versöhnung – egal mit wem –, ist die Versöhnung schon geschehen, ist bereits ein Stein Deines Angstkerkers locker. Sobald auch nur einer anfängt mit der Versöhnung, wird das Haus der Gewalt brüchig, wächst die Chance der Freiheit, zu der wir Menschen von Gott berufen sind. Solange Du aber die Versöhnung verweigerst, so lange gibt es keine Chance für die Freiheit und damit auch nicht für die frohe Botschaft. »Wem ihr die Sünden vergebt, dem sind sie vergeben, wem ihr die Vergebung verweigert, dem ist sie verweigert« – leider hat man dieses nüchtern befreien wollende Wort Jesu als Machtmittel über verängstigte Seelen missbraucht! Dabei ist die vornehmste und die unverzichtbarste Aufgabe eines Christen und einer Christin der Dienst an der Versöhnung – und sie muss es auch sein.

Versöhnung ist nie Menschenwerk. Aber ohne den Menschen geschieht auch keine Versöhnung. Und überall, wo Versöhnung geschieht, weht der Geist Gottes, der Paraklet, der Beistand. Überall, wo Versöhnung verweigert wird, weht der Ungeist, der Ankläger. »Wem ihr die Sünden vergebt, dem sind sie vergeben, wem ihr die Vergebung verweigert, dem ist sie verweigert« – das heißt dann: Wem Ihr das Wort der Versöhnung zusagt, der oder die hat damit eine neue Chance, wieder lebendig zu werden, hat eine neue Chance, hinter seinen oder ihren selbst oder fremd errichteten Mauern hervor ins Weite zu treten, denn Versöhnung ist Glaube an das Gute im Menschen, an seine Kraft, an seinen Mut, an seine Liebe. Wem Ihr aber das Wort der Vergebung vorenthaltet, den oder die verdammt Ihr dazu, noch länger hinter der eigenen Angst und Lebensunfähigkeit dahinzuvegetieren.

Versuchen wir, das einmal umzusetzen in unserem Alltag. Denken wir dieses Wort der Versöhnung einmal mitten hinein in unsere alltäglichen Kleinkriege mit uns selbst und anderen. Denken oder sprechen wir leise den Namen eines Menschen, mit dem wir oder unser Herz einen solchen Kleinkrieg führt. Denken oder sprechen wir diesen Namen mit der Bitte, dass Gottes Geist diesen Menschen erfüllt. Dann bekommen alle Beteiligten wieder neue Luft. Auch wenn zunächst noch gar nichts davon zu spüren ist. Wichtig ist, es immer wieder von Neuem tun: sich um Versöhnung bemühen. Ein erstes Mal; ein zweites Mal, ein drittes Mal, ja bis zum fünfzigsten Mal. Aber nicht aus eigener Kraft – das hält der stärkste Mensch nicht aus –, sondern ganz bewusst mit der Bitte um das Wirken des Geistes, des Heiligen Geistes, des heilenden Geistes, des mich und den anderen heilen könnenden Geistes. Dabei genügt es, dass eine jede und ein jeder von uns zumindest die Sehnsucht nach dem Wirken des Heiligen Geistes damit zum Ausdruck bringt.

Mit der Bereitschaft, ihn dann auch wirklich wirken zu lassen, mag es schon wieder etwas anders aussehen, aber die Sehnsucht ist da. Und das ist erst einmal das Wichtigste. Wer den Geist Gottes wirklich in sich spüren und durch sich wirken lassen will, dem oder der wird es nicht zu viel sein, sich um den heilenden Kontakt mit Gottes Geist zu bemühen – wenn man hier von Mühe überhaupt sprechen kann. Machen Sie doch mal die Probe aufs Exempel. Nehmen Sie sich einen Menschen, mit dem Sie nicht zurechtkommen, den Sie vielleicht schon abgeschrieben haben. Sprechen Sie leise seinen Namen aus, wenn Sie ihn sehen oder an ihn denken. Leise, liebevoll. Üben Sie es, bis dieser Name von alleine über Ihre Lippen kommt – als Gebet. Üben Sie es fünfzig Tage lang. Es wird sich was verändern. Je mehr Sehnsucht wir dahineinlegen in dieses Namengebet, desto poröser werden unsere inneren Mauern. Desto weiter kann der Geist dahin vordringen, wie die Luft.

Sehnsucht nach Versöhnung ist Sehnsucht nach dem Geist Gottes. Sehnsucht nach dem Wirken des Geistes Gottes ist die Keimzelle menschlicher Kreativität, einer Kreativität, die uns selbst verändert, die uns lebendiger und freier macht. Wo immer wir auch stehen. Versöhnt oder noch unversöhnt. Diese Sehnsucht, dieser Weg ist uns als Christinnen und Christen ins Herz gezeichnet.

So suche, finde und gehe Deinen ureigenen, ins Herz geschriebenen Weg. Suche ihn brennend, finde ihn staunend und gehe ihn liebend, damit Du Spuren der Versöhnung hinterlässt und nicht nur den Staub der Verweigerung.

## Statt eines Nachworts

Getrieben von einer Unruhe im Herzen,
bin ich unterwegs,
immer weiter hinein in unbekanntes Land.
Über das Meer des Zweifels und der Ungewissheit.
Alles verlassend – nur auf ein Wort hin.
Vertrauend – nur auf meinen Gott,
dass er mir treu sei.
Entflammt vom Feuer einer Hoffnung,
die aufleuchtet selbst im Versagen meiner Hände.
Einer Hoffnung,
die verstummte Herzen wieder sprechen lässt
in dieser Welt.
Auch wenn ich wollte,
ich könnte nicht anders,
als von Gott zu erzählen
wie von einem Menschen, den ich liebe.
Und so suche ich –
alles verlassend,
oft auch verlassen,
einsam,
bis ich höre,
wie mein Gott mich ruft aus jedem Menschen.

# INHALT

*Die Sehnsucht nach wirklichem Leben — Die dunklen Seiten anerkennen — Der Christ und der christliche Glaube in den Augen der Zeitgenossen — Warum die Antworten der Kirche nicht mehr interessieren — »Halt mich nicht fest!« — Lebendige Hoffnung im Dunkel — Die christliche Realität — Die ersten Zeugen Jesu als ermutigende Vorbilder — Bis zur inneren Freiheit ist es ein langer Weg — Das Leben neu ausrichten — »Ihr seid das Licht der Welt« — Leuchtfeuer des Glaubens — Gott geht es um den Menschen — Barmherzigkeit — Der Weg über das Kreuz — Pilgerweg des Herzens — Wenn das Leben Dir näher kommt, als Dir lieb ist — Unfassbar wirklich — Vom Nichts zum alles — Gefühltes Nichts oder gefülltes Nichts — Christlicher Glaube ist immer grundlos und unfassbar*

*Alles, was Du aus Liebe tust, macht Dich selbst hell — Die Macht der stillen Zärtlichkeit — Jeder Aufbruch beginnt mit einem Riss — Energieverschwendungsgesetze — Über den Wohlstand hinaus — Der Mensch ist zu mehr berufen als zur Zufrie-*

*denheit — Wo die wahren Schätze liegen — Das Debakel in der*
*Wirtschaft — Es braucht eine Entgiftung — Was hebt die Welt*
*aus ihren Angeln? — Lass Dich nicht treiben — Eine Kraft, die*
*Herzen verzaubert und Menschen verwandelt — Eine Kraft, die*
*Sehnsucht zu Hoffnung klärt — Der kostbare Schatz des reifen*
*Alters — Solidarische Wirklichkeit entsteht im gelebten Alltag*

*Im ewigen Leben bist Du und bekommst Du, was Du lässt —*
*Das Reich Gottes ist eine ganz konkret erfahrbare Wirklichkeit*
*auf der Erde — Welche Vorstellungen verbinden wir mit dem*
*Reich Gottes? — Das Reich Gottes ist nicht greif- und begreif-*
*bar, aber existent und wirksam — Woran man das Reich Gottes*
*erkennt und wie man es findet — Was im Himmelreich gilt, ist*
*immer nur das* Jetzt *— Durchwirke mich, Gott! — Den Weg zu*
*Ende gehen — Die wahre Wirklichkeit ist manchmal nur durch*
*Tränen hindurch zu sehen — Das nenne ich Freundschaft*

*Der frohe Glaube als Quelle der Lebenslust und Lebensfreude*
*— Unmögliches gibt es nicht – jederzeit ist* alles *möglich — Wie*
*ein Stern in der Nacht — Die Nacht als heilige Nacht — Wo-*
*ran sich das Herz orientiert — Wenn die Erde voll von Himmel*
*ist — Die Dunkelheit will gepflegt werden — Erfahrungen und*
*Begegnungen am Ende von Raum und Zeit — Vom Himmel be-*
*rührt — Je näher die »Sicherheit«, desto größer die Angst — Mein*
*Leben mit einem sterbenden Baum — Vom Tod gezeichnet — Auf*

*der Spur des Herzens — Das Ende, das kein Ende ist — Botschaft und Auftrag und Beispiel – Was bleibt, ist Dankbarkeit — Alles, was Dein Herz gibt, zählt — Ein Kennzeichen unserer Würde ist der aufrechte Gang — Die Nutzung der »kostenfreien Energiequellen« — Das Prinzip des Betens und Segnens — Das Prinzip der Sammlung — Das Prinzip des Wohlwollens — Das Prinzip der (guten) Spannung — Das Prinzip der Wiederholung — Das Prinzip des Dankens — Das Prinzip der Versöhnung*